# ABC

# Ce Livre

# Appartient

# à

_______________________________________________

# Apprendre

## à écrire

ABCEFGHIJ

KLMNOPQ

RSTUVWXYZ

# A a

L'ananas

A A A A A

A A A A A

A A A A A

A A A A A

A A A A A

A A A A A

a a a a a a

a a a a a a

a a a a a a

a a a a a a

a a a a a a

a a a a a a

# La banane

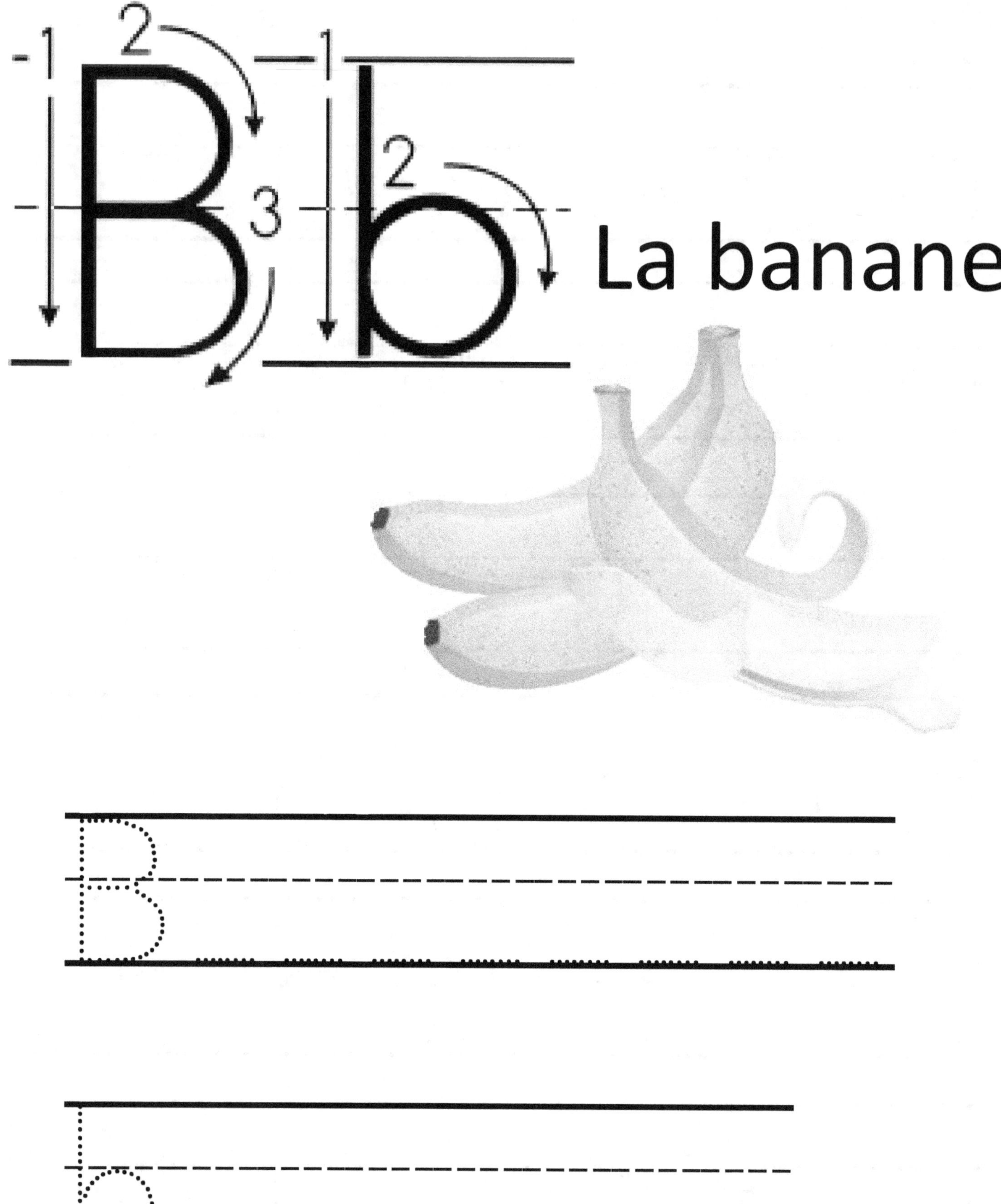

B B B B B B B
B B B B B B B
B B B B B B B
B B B B B B B
B B B B B B B
B B B B B B

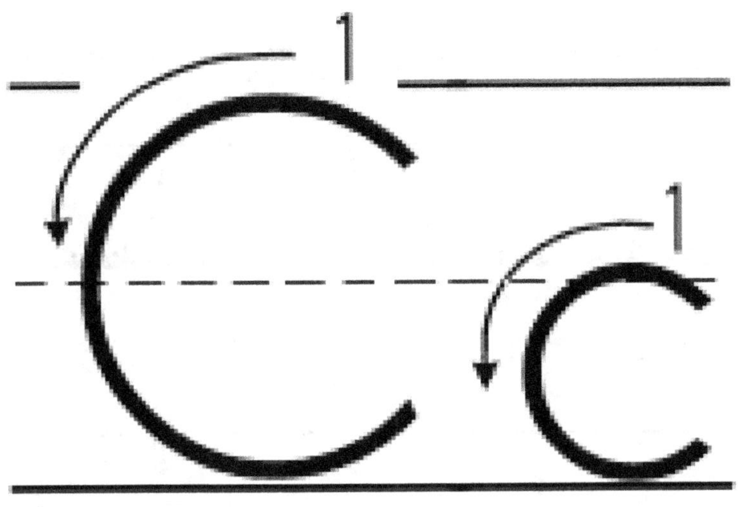

le citron

# Le dauphin

D D D D D D

D D D D D D

D D D D D D

D D D D D D

D D D D D D

D D D D D

a a a a a a a

a a a a a a a

a a a a a a a

a a a a a a a

a a a a a a a

a a a a a a

# Eléphant

la fraise

E E E E E E

E E E E E E

E E E E E E

E E E E E E

E E E E E E

E E E E E

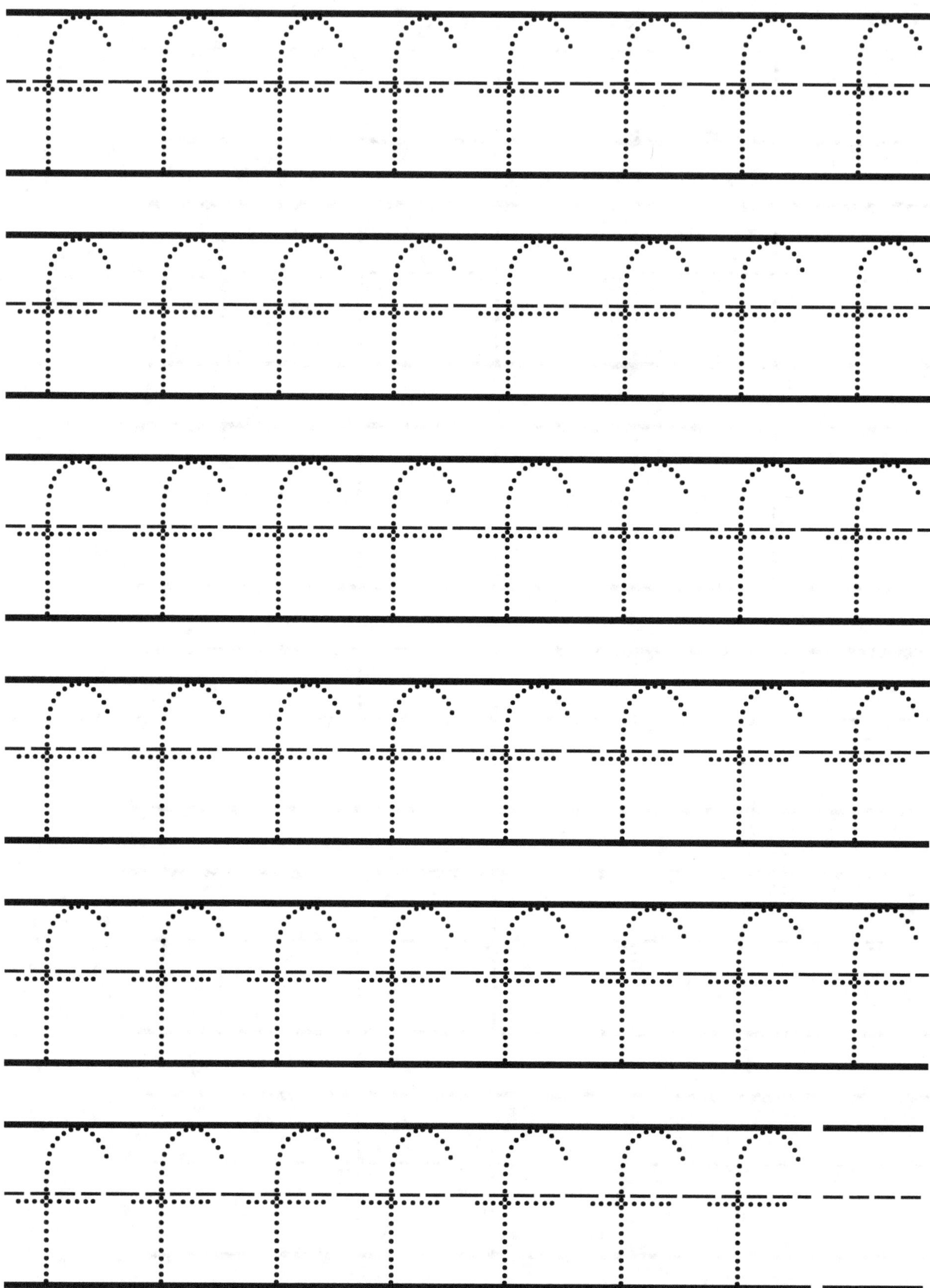

Girafe

g g g g g g g

g g g g g g g

g g g g g g g

g g g g g g g

g g g g g g g

g g g g g g

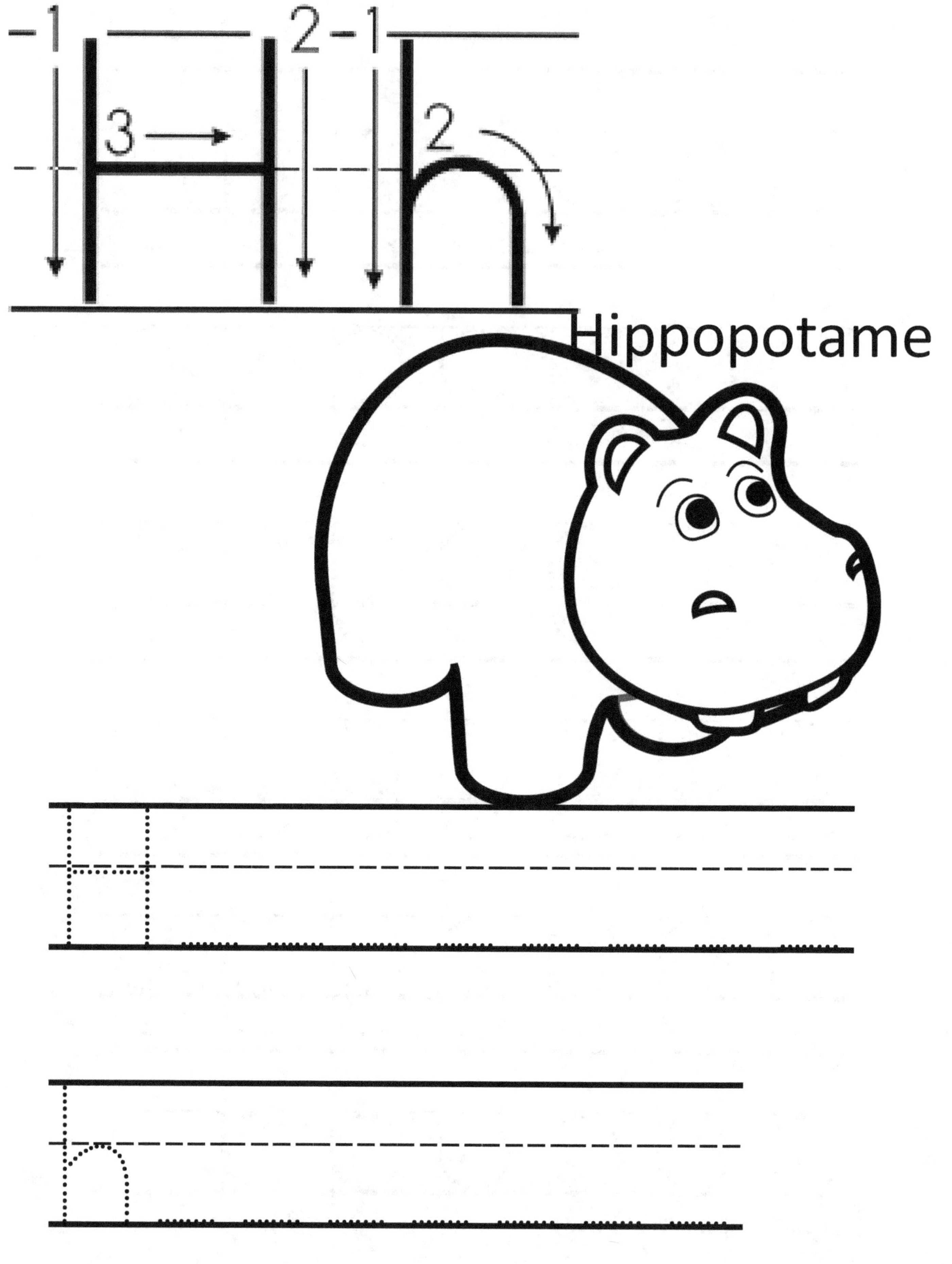

Hippopotame

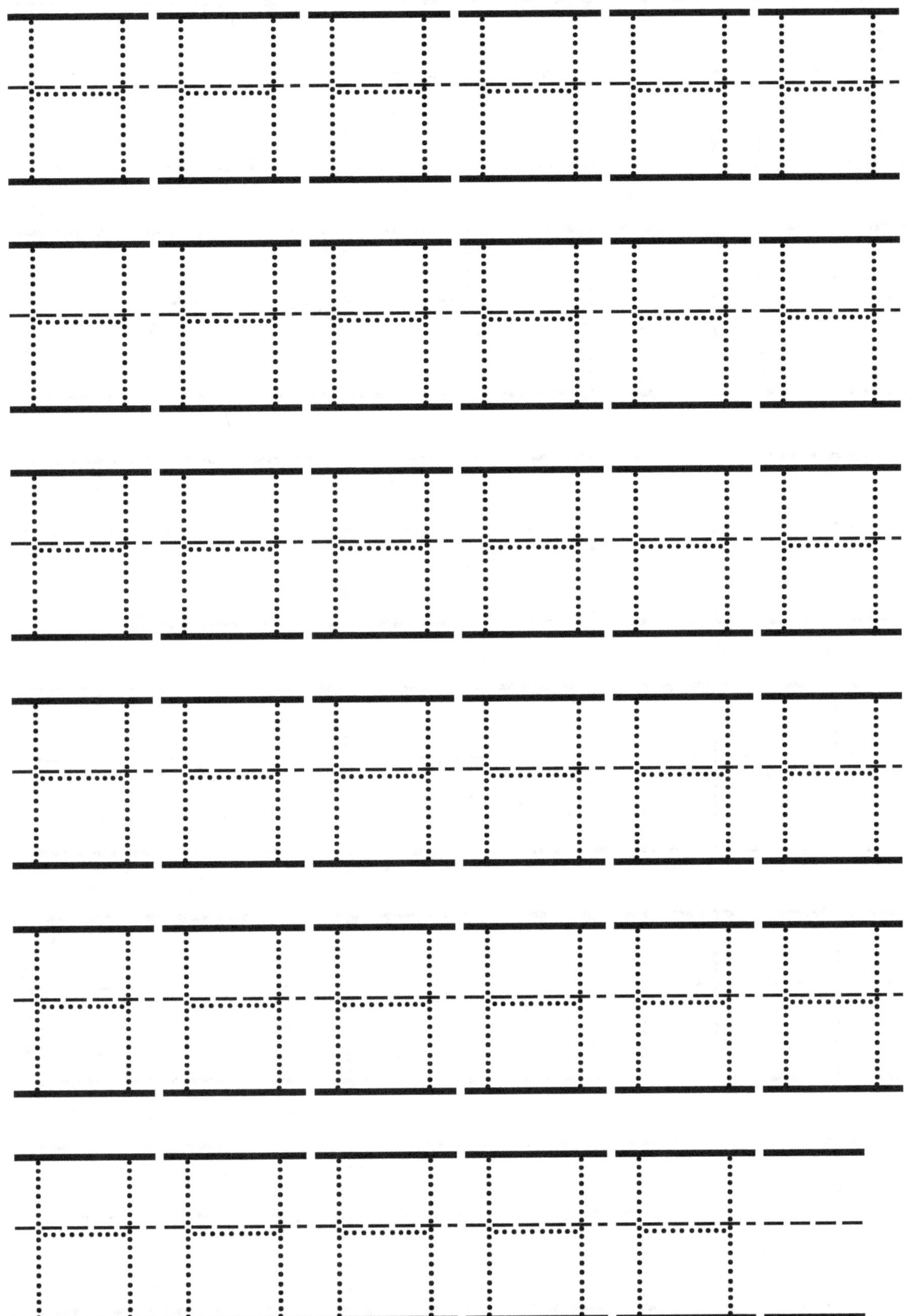

n n n n n n n n

n n n n n n n n

n n n n n n n n

n n n n n n n n

n n n n n n n n

n n n n n n n

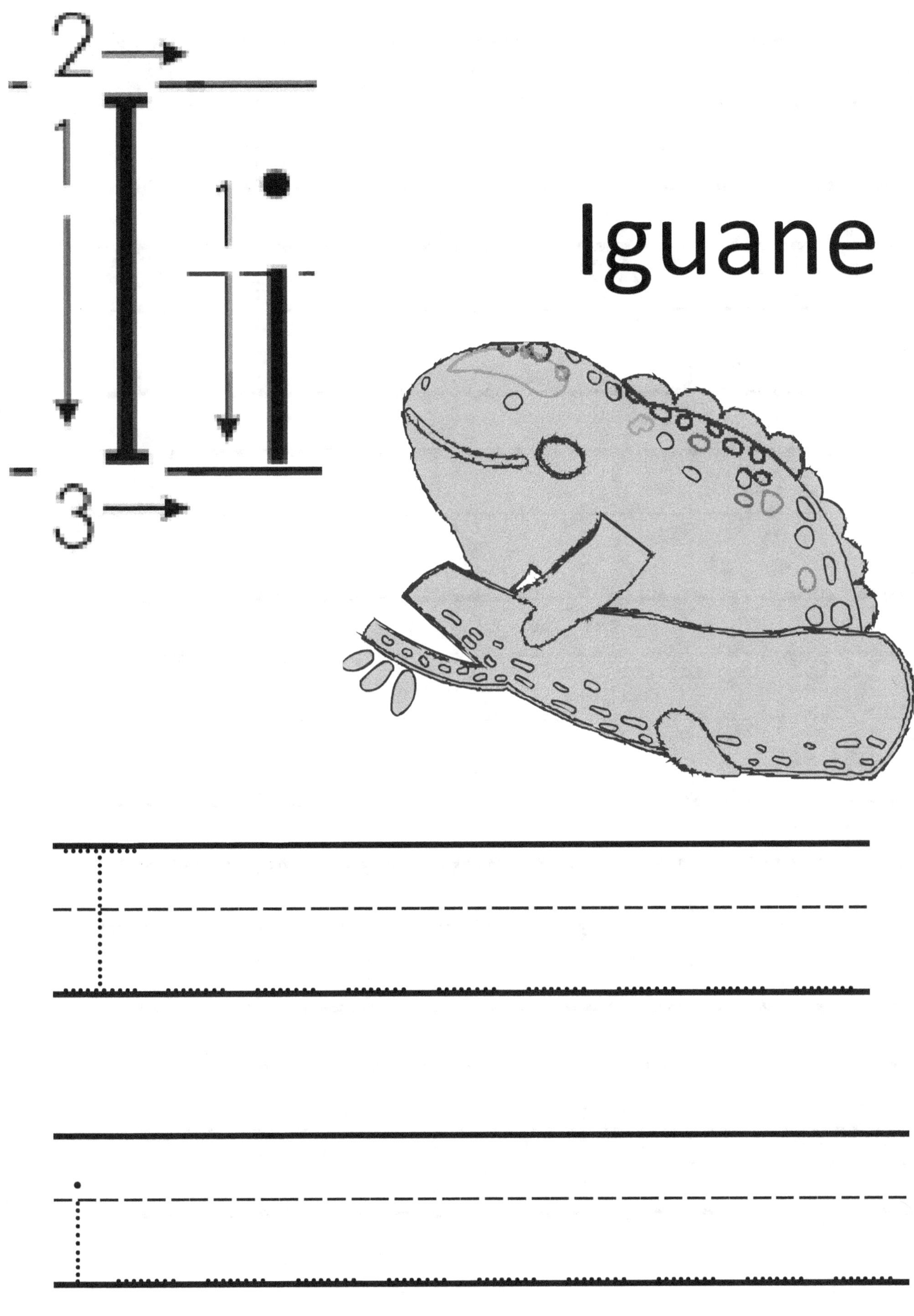

# Iguane

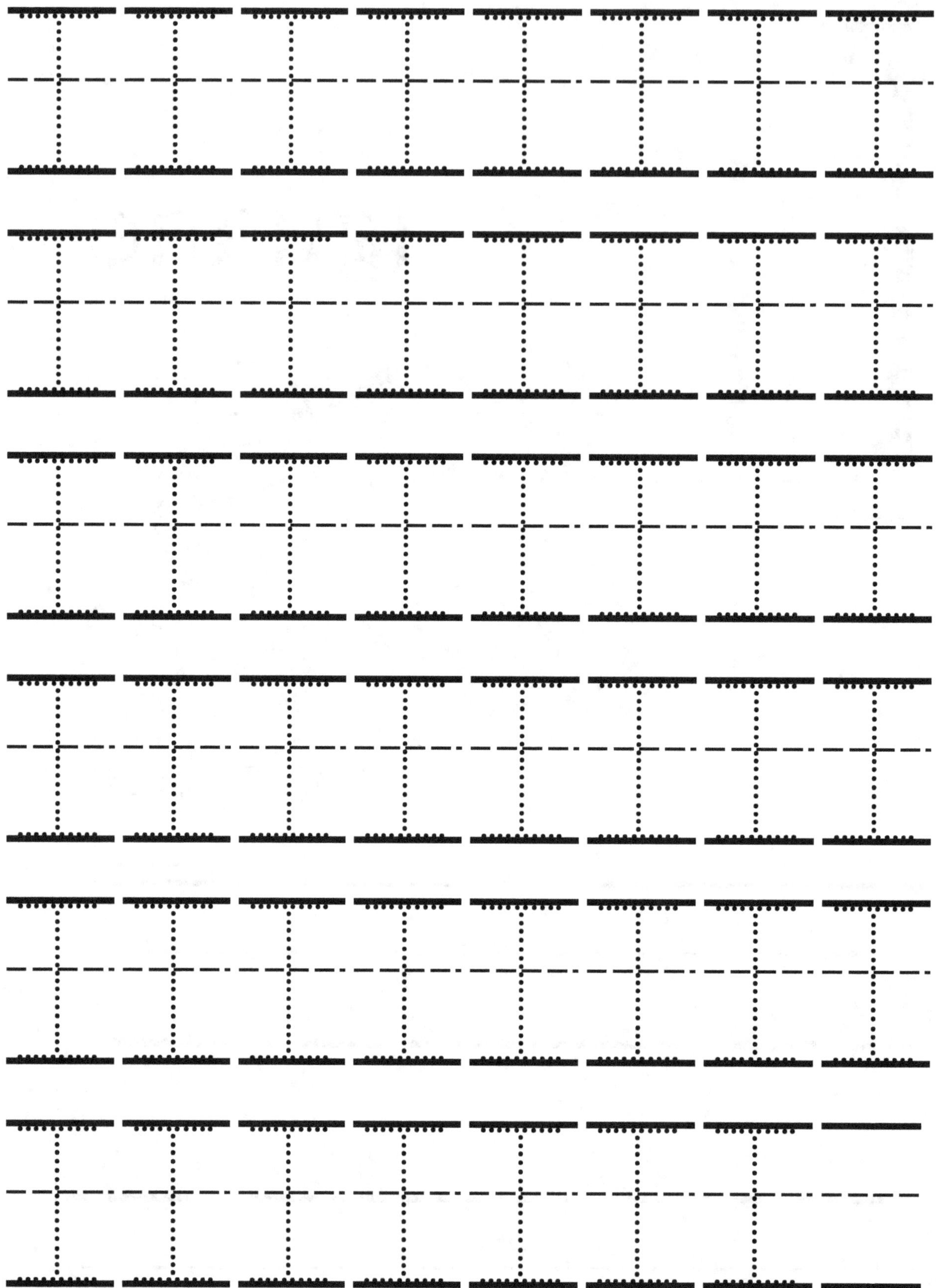

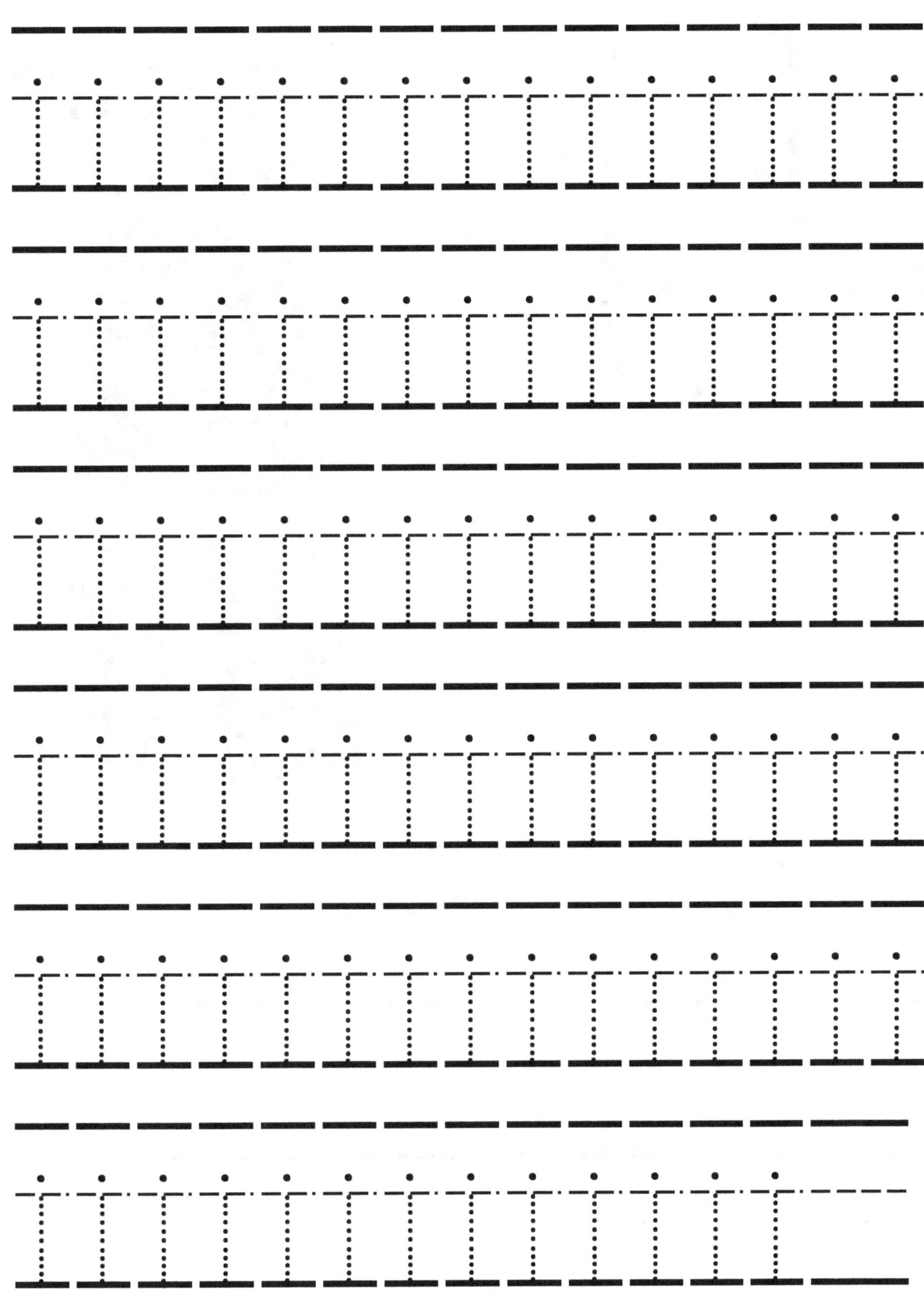

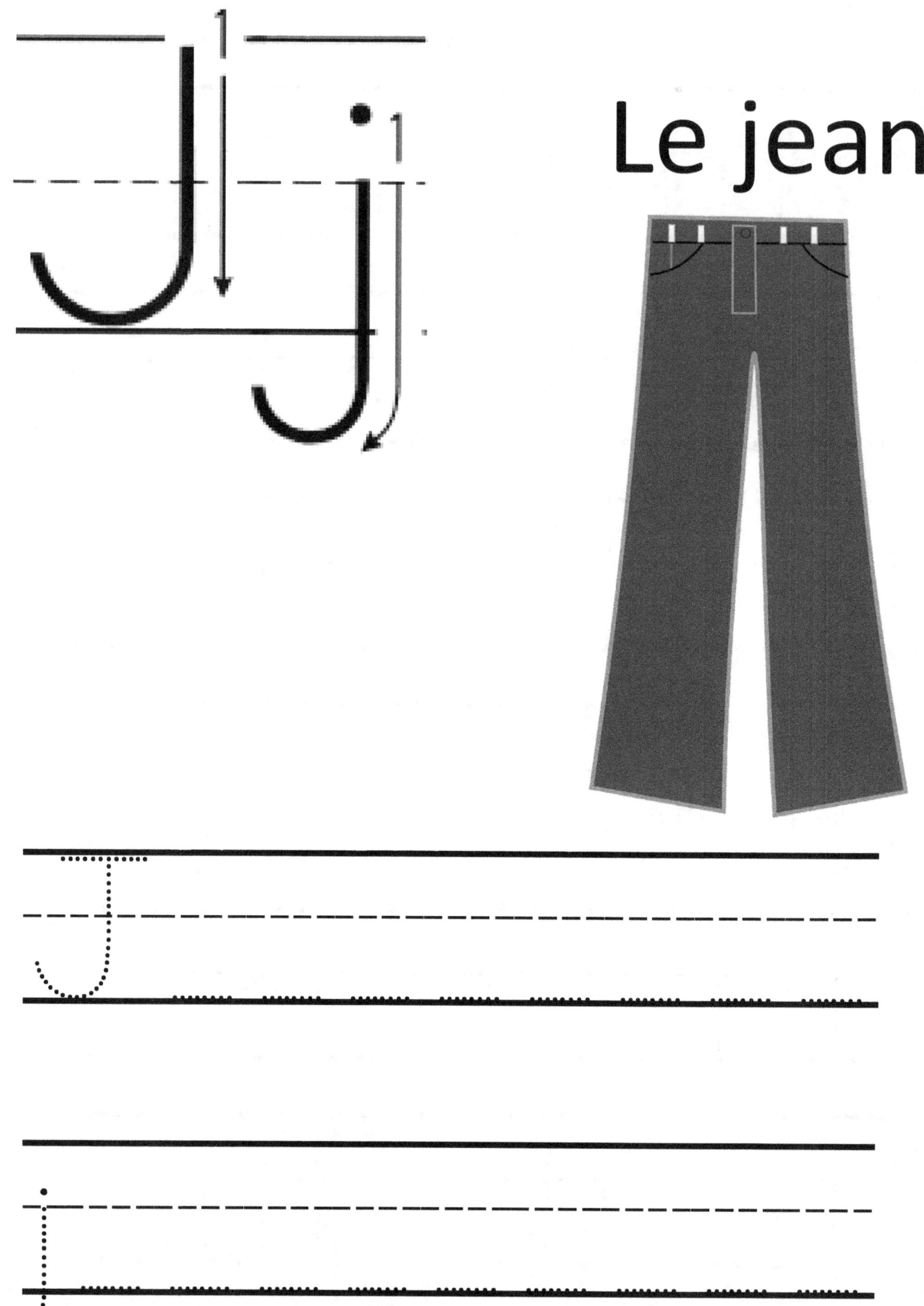

# Le jean

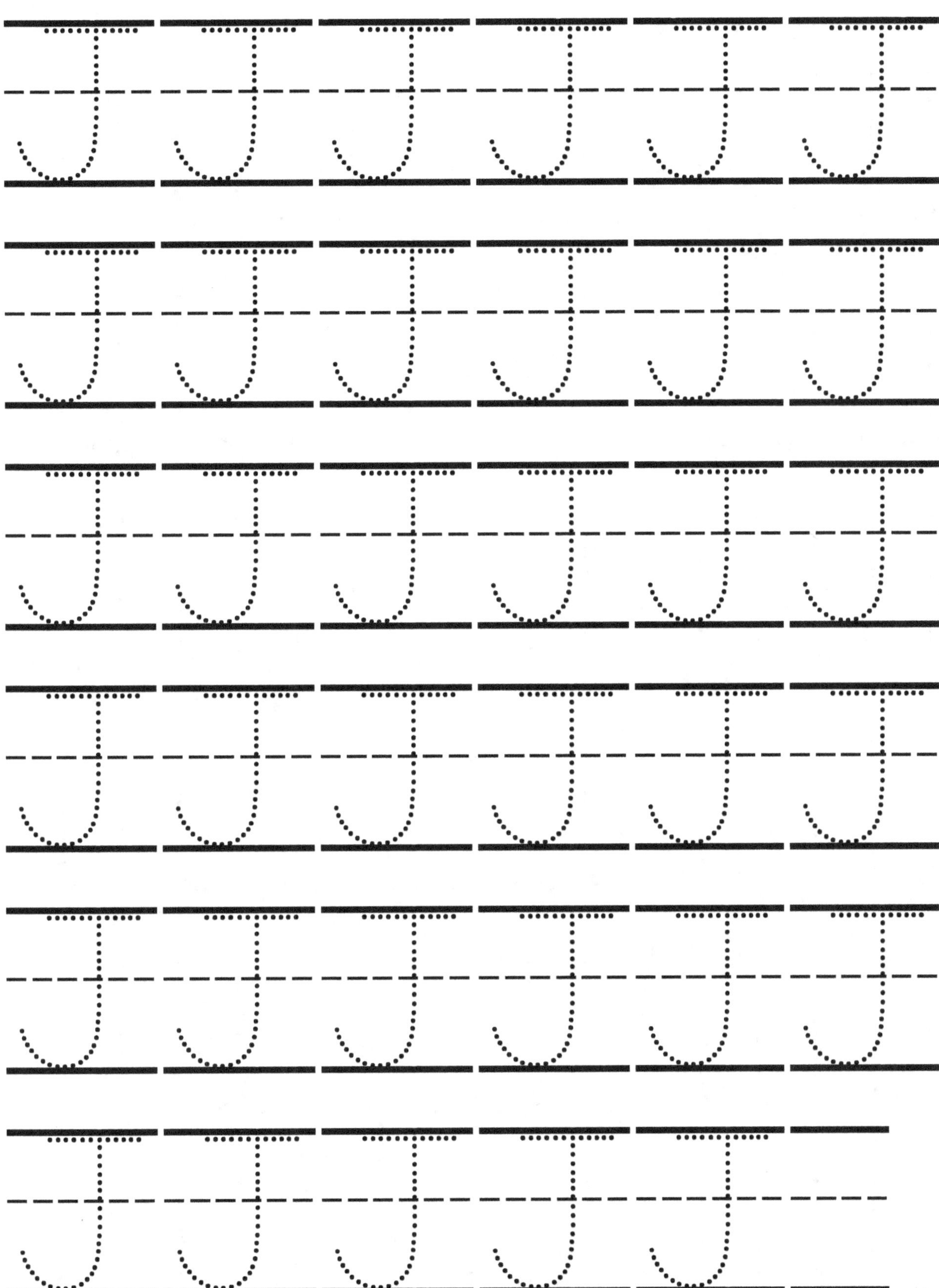

# Kangourou

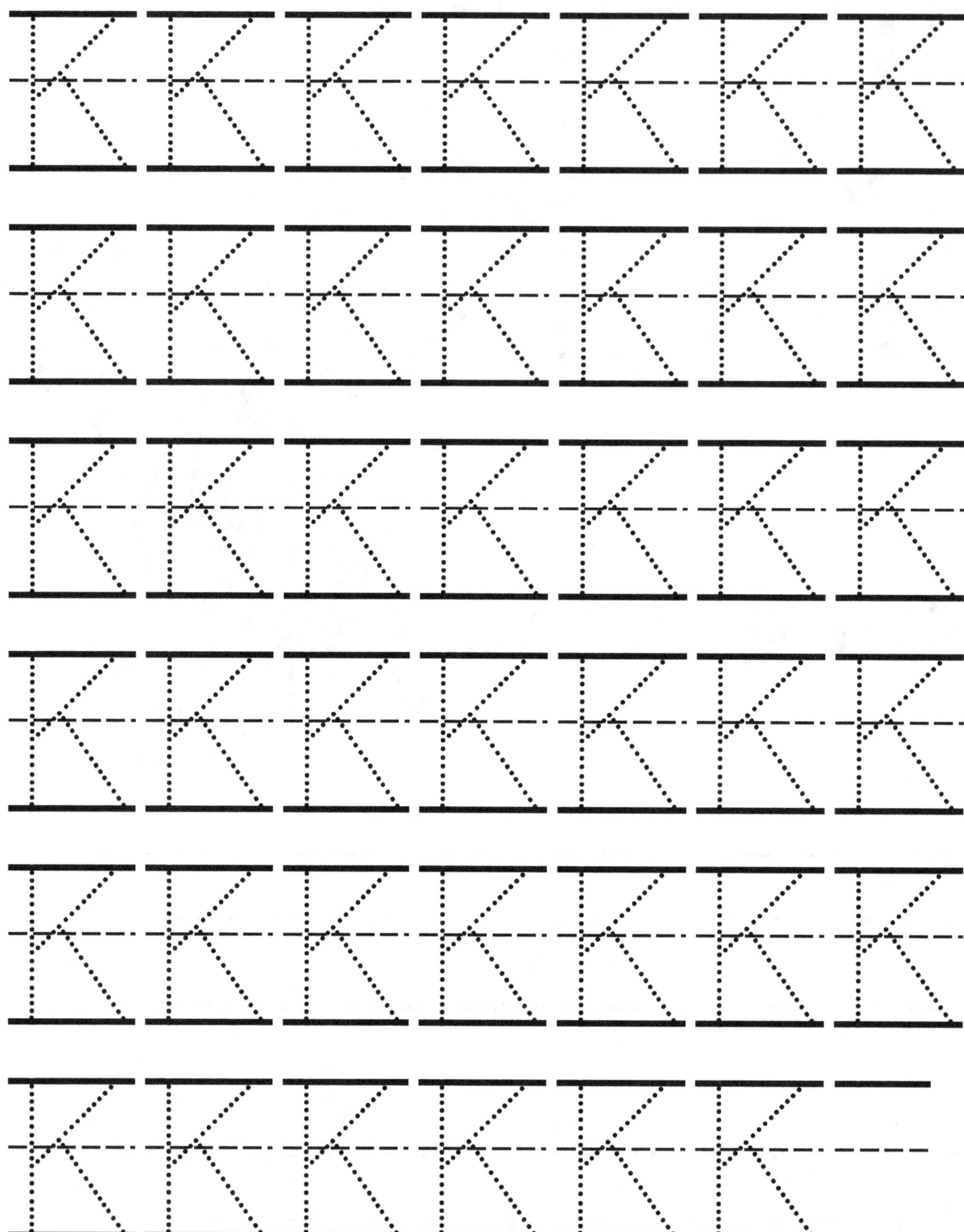

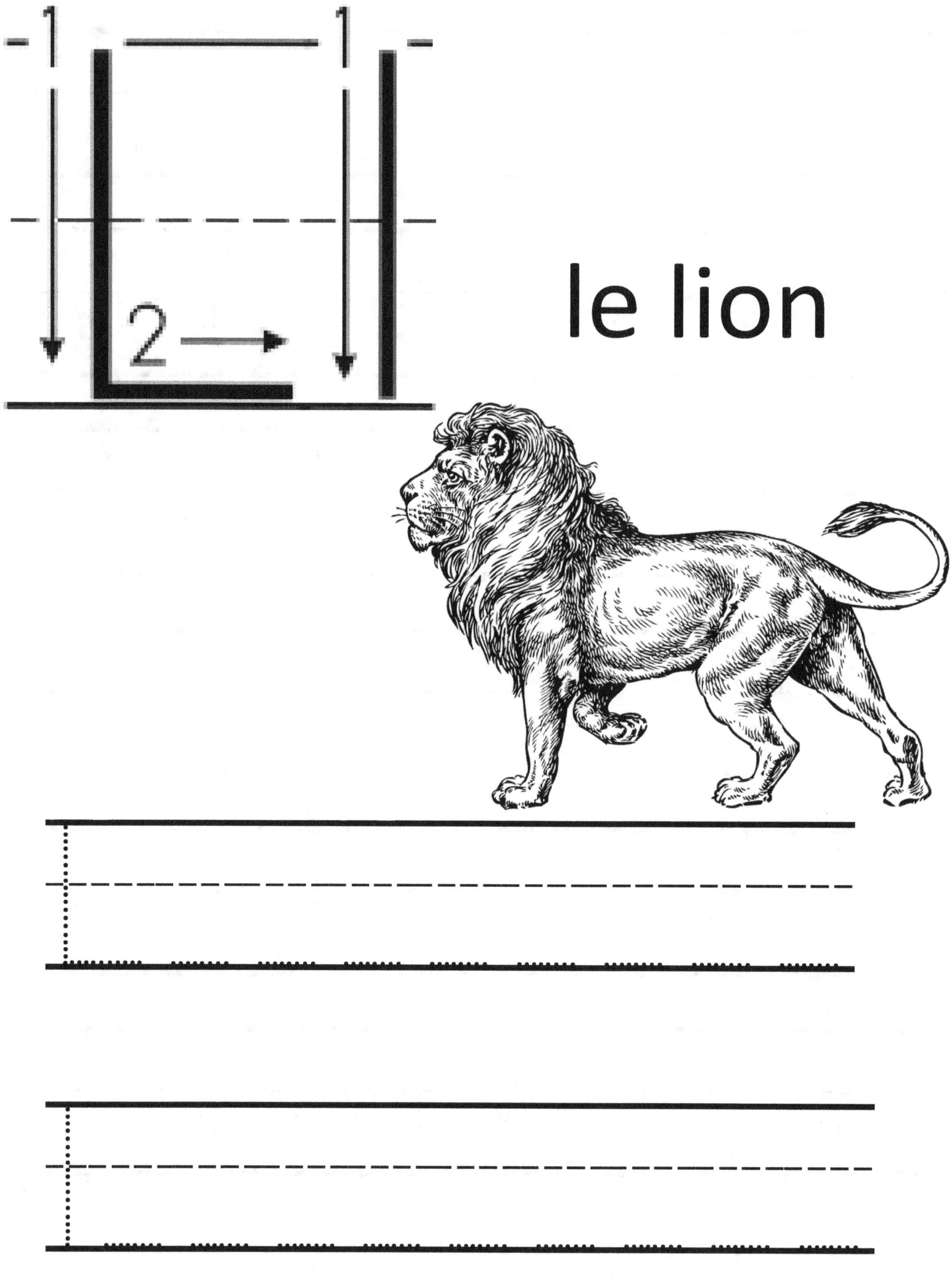

le lion

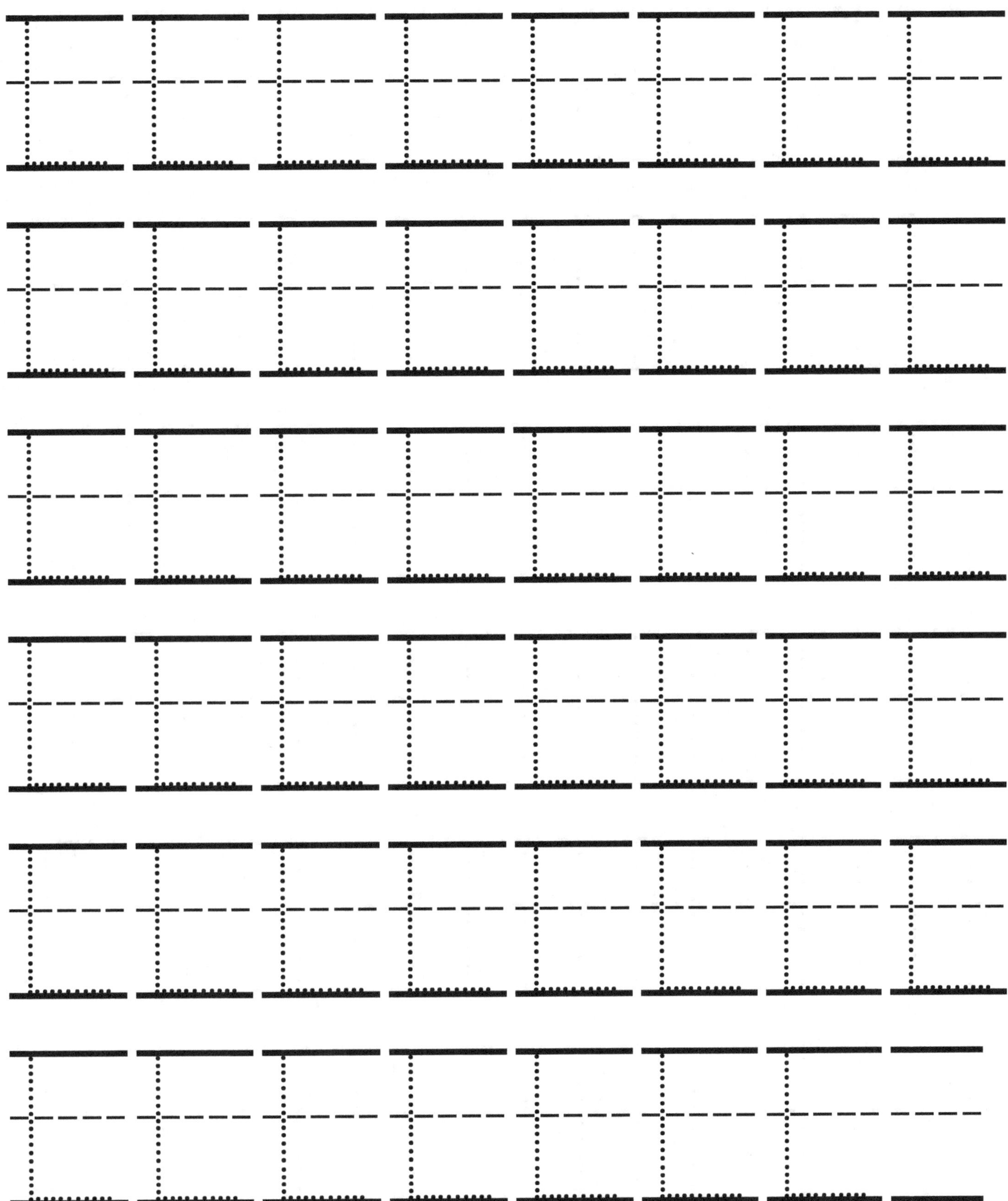

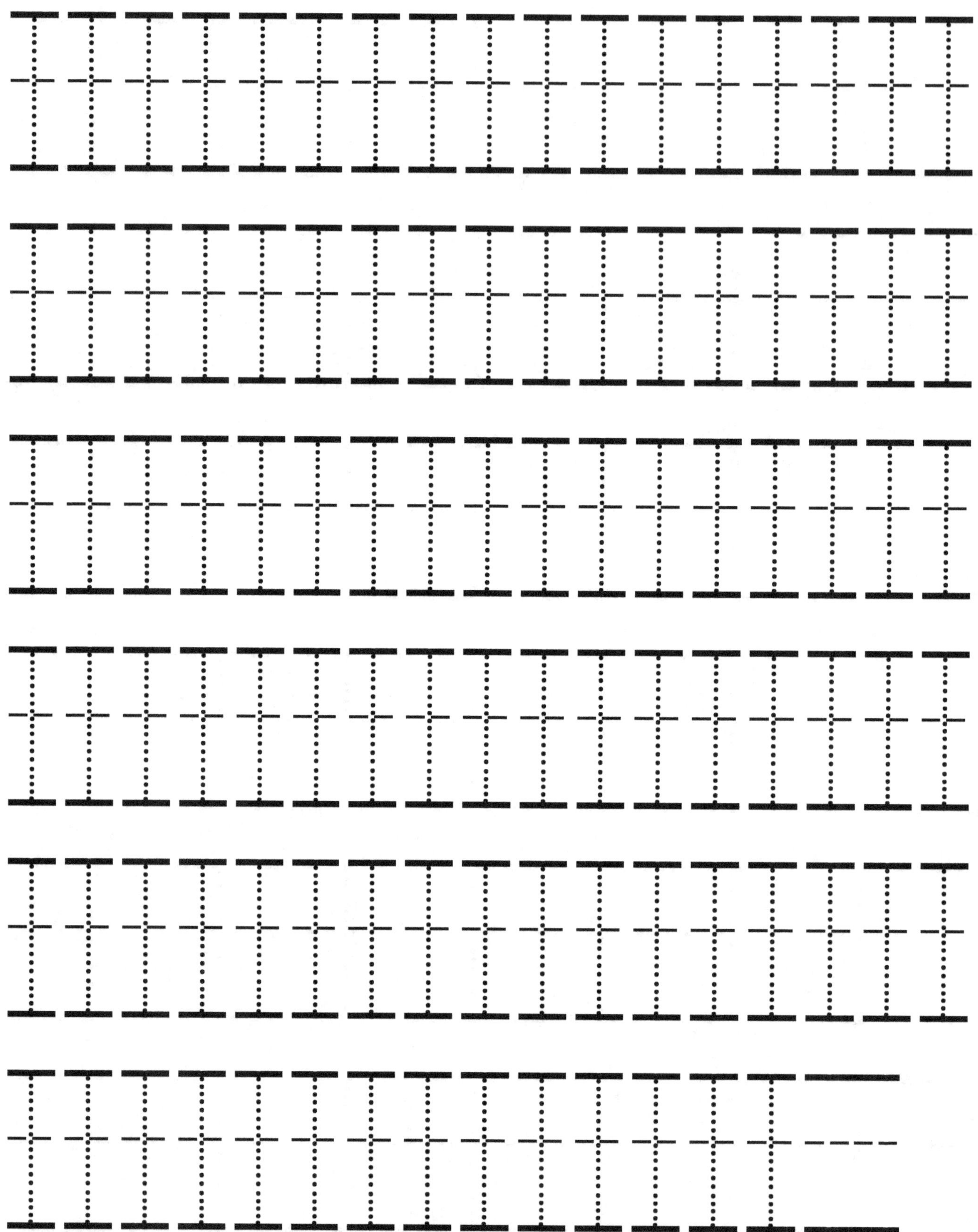

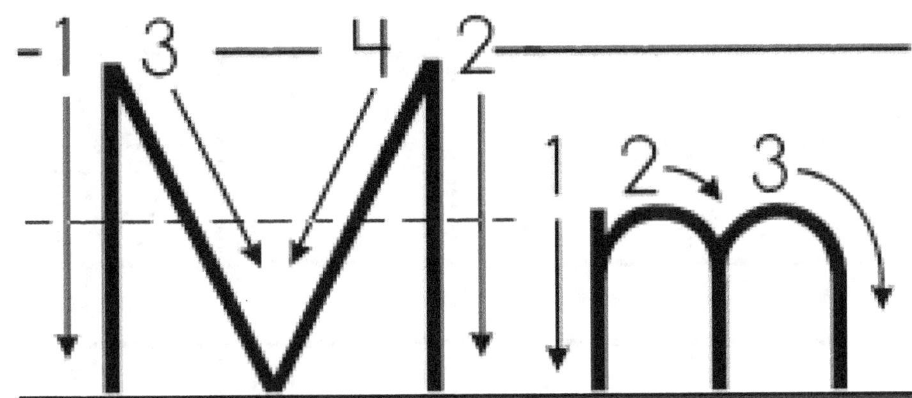


# Le maïs

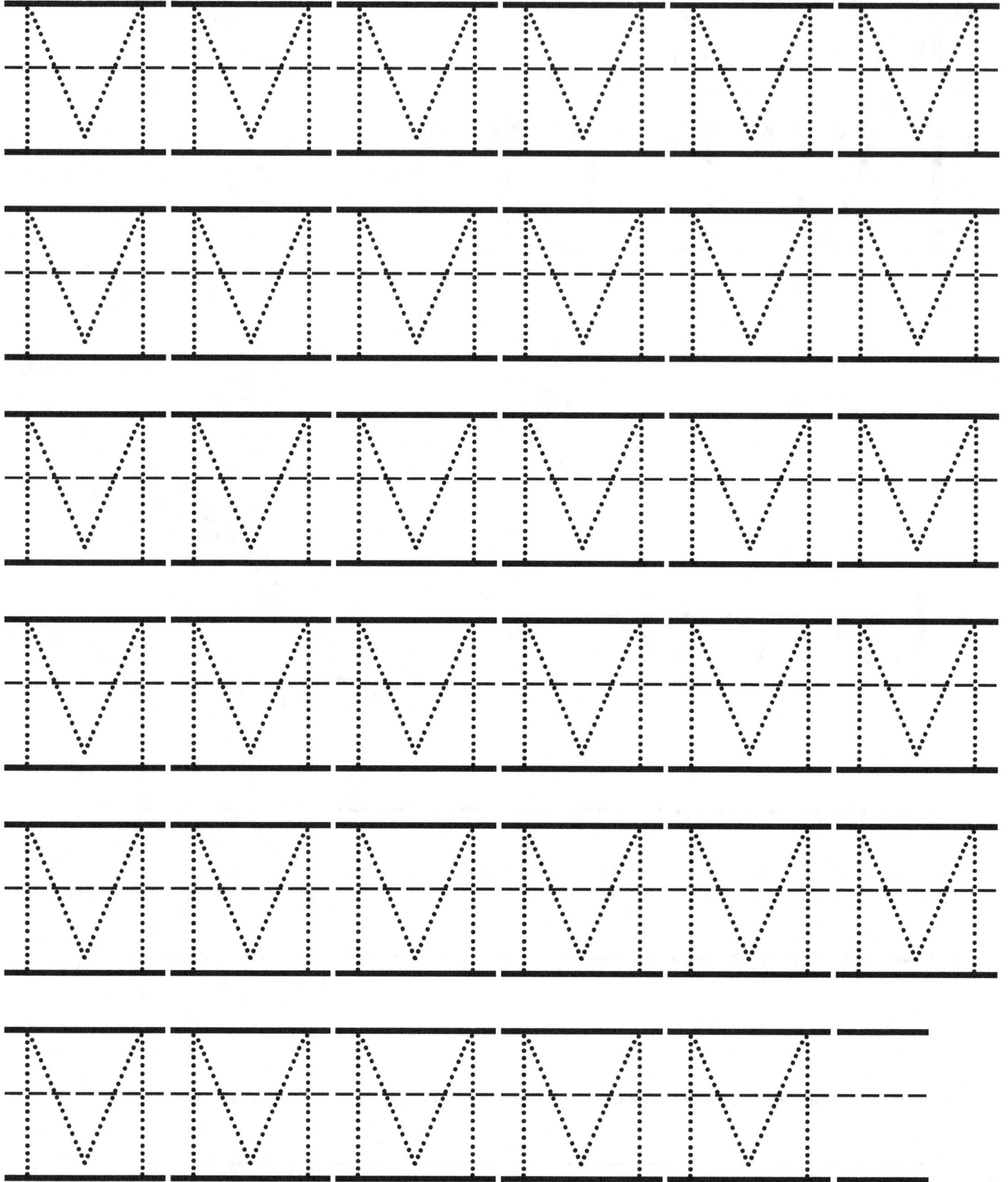

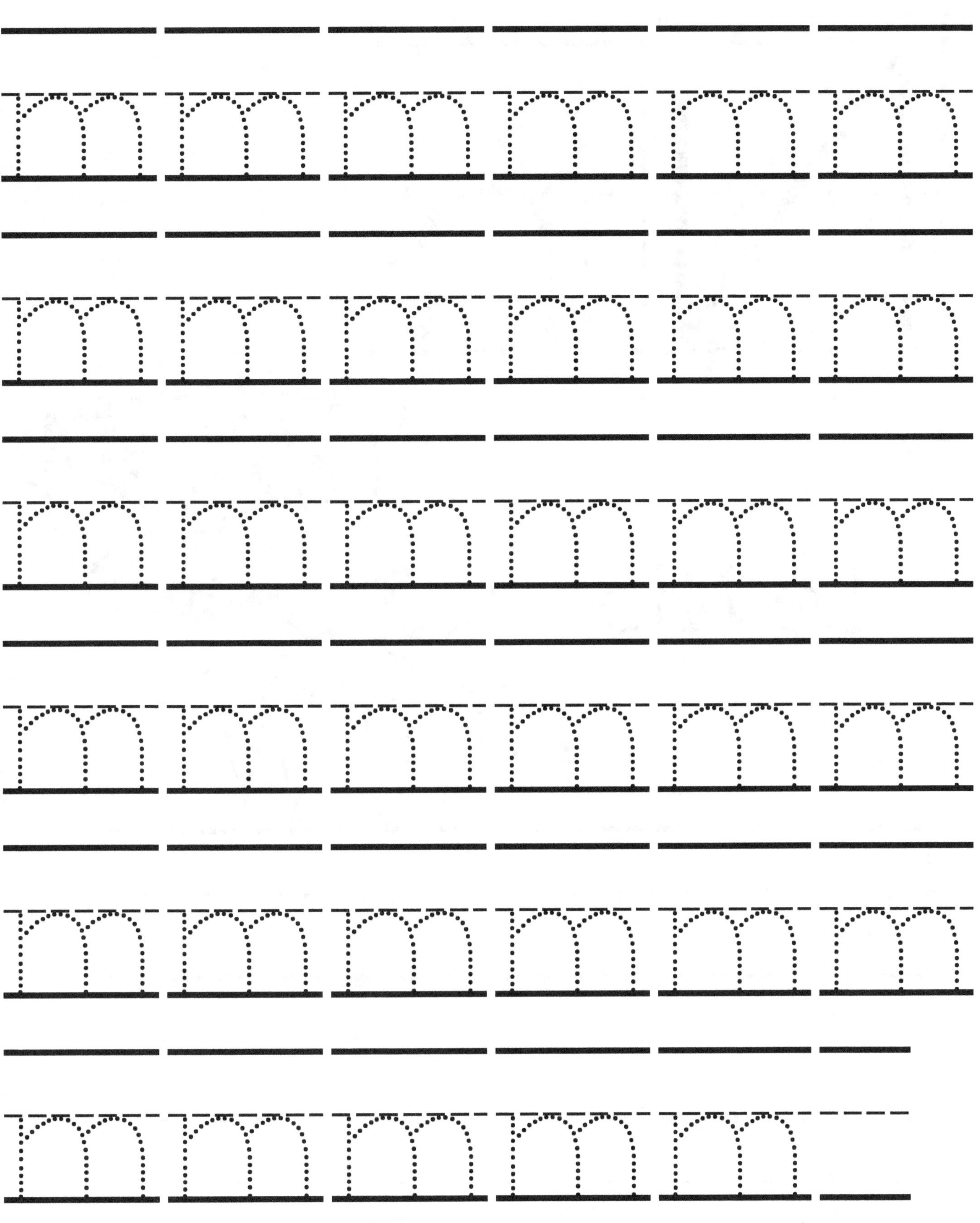

1 3 2
1 2
Nn
Le Nid

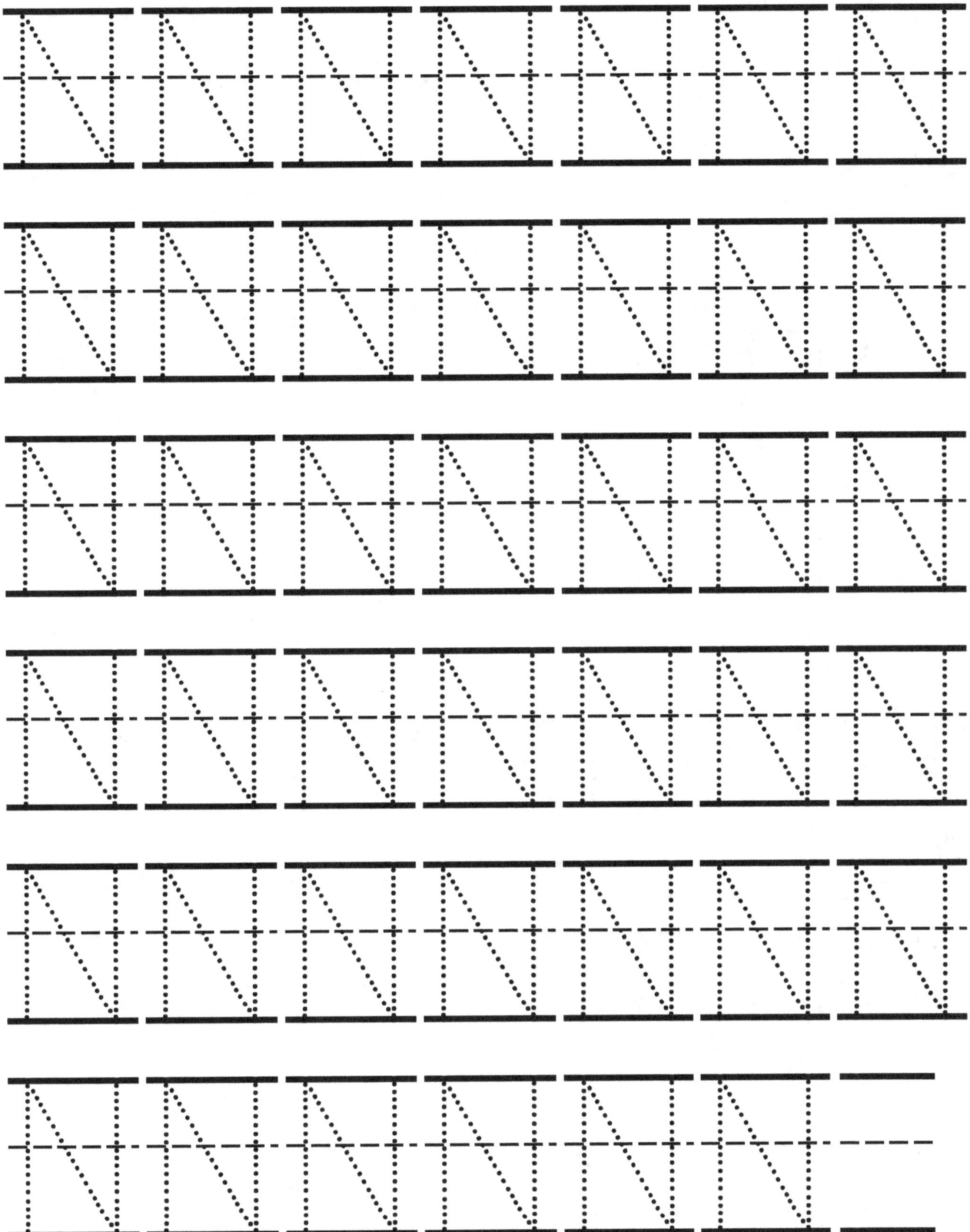

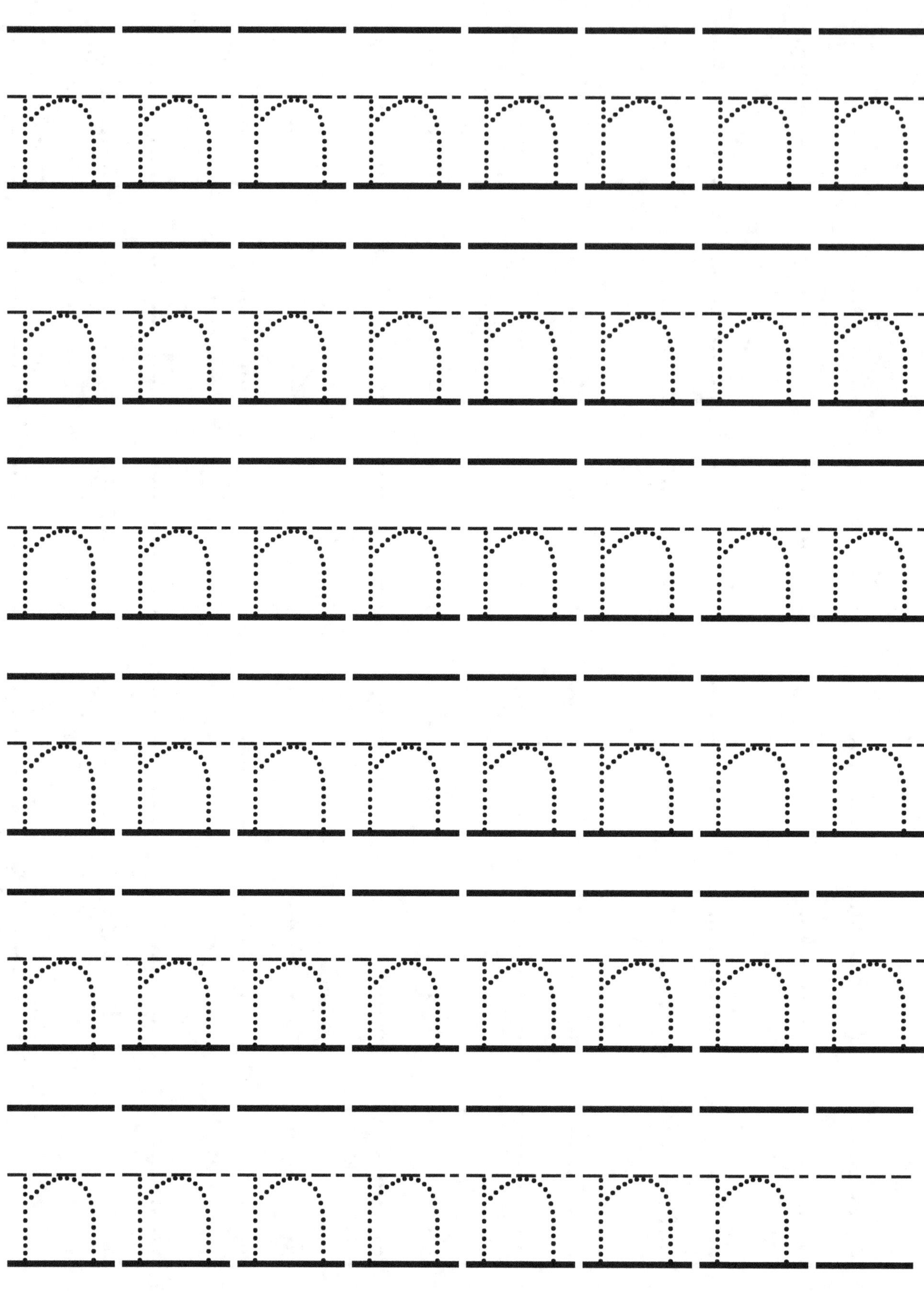

l'orange

le pingouin

P P P P P P P P
P P P P P P P P
P P P P P P P P
P P P P P P P P
P P P P P P P P
P P P P P P P

p p p p p p p p

p p p p p p p p

p p p p p p p p

p p p p p p p p

p p p p p p p p

p p p p p p p

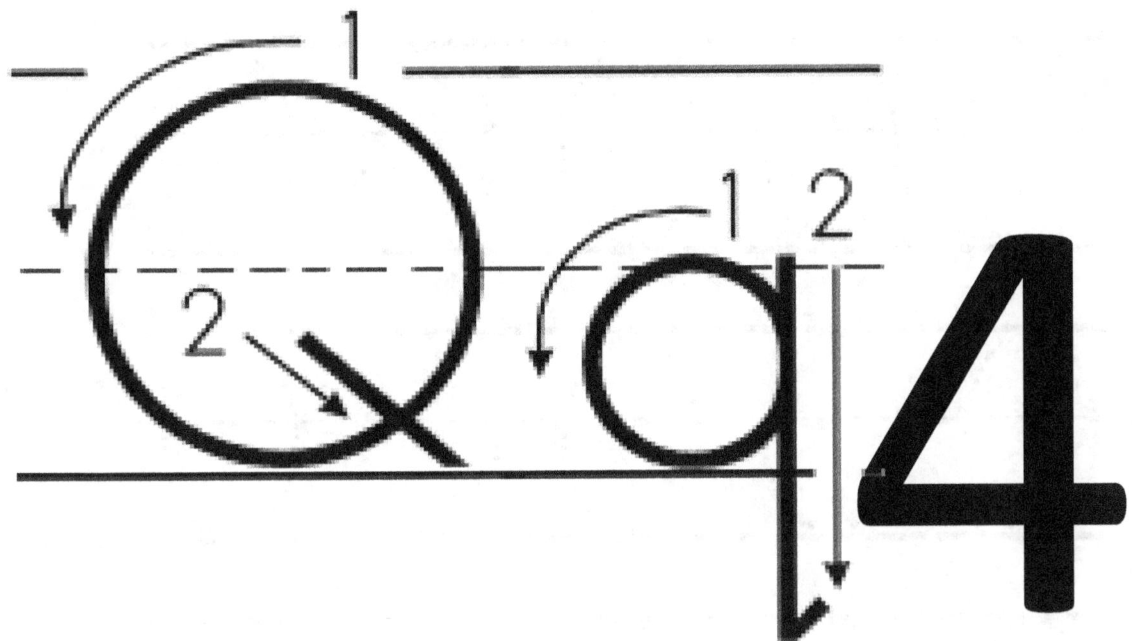

# Quatre

Q Q Q Q Q Q

Q Q Q Q Q Q

Q Q Q Q Q Q

Q Q Q Q Q Q

Q Q Q Q Q Q

Q Q Q Q Q

a a a a a a a

a a a a a a a

a a a a a a a

a a a a a a a

a a a a a a a

a a a a a a a

# Raton laveur

R R R R R R R
R R R R R R R
R R R R R R R
R R R R R R R
R R R R R R R
R R R R R R

# S s Sac

S

s

S S S S S S S

S S S S S S S

S S S S S S S

S S S S S S S

S S S S S S S

S S S S S S

S S S S S S S S S

S S S S S S S S S

S S S S S S S S S

S S S S S S S S S

S S S S S S S S S

S S S S S S S S

# Tortue

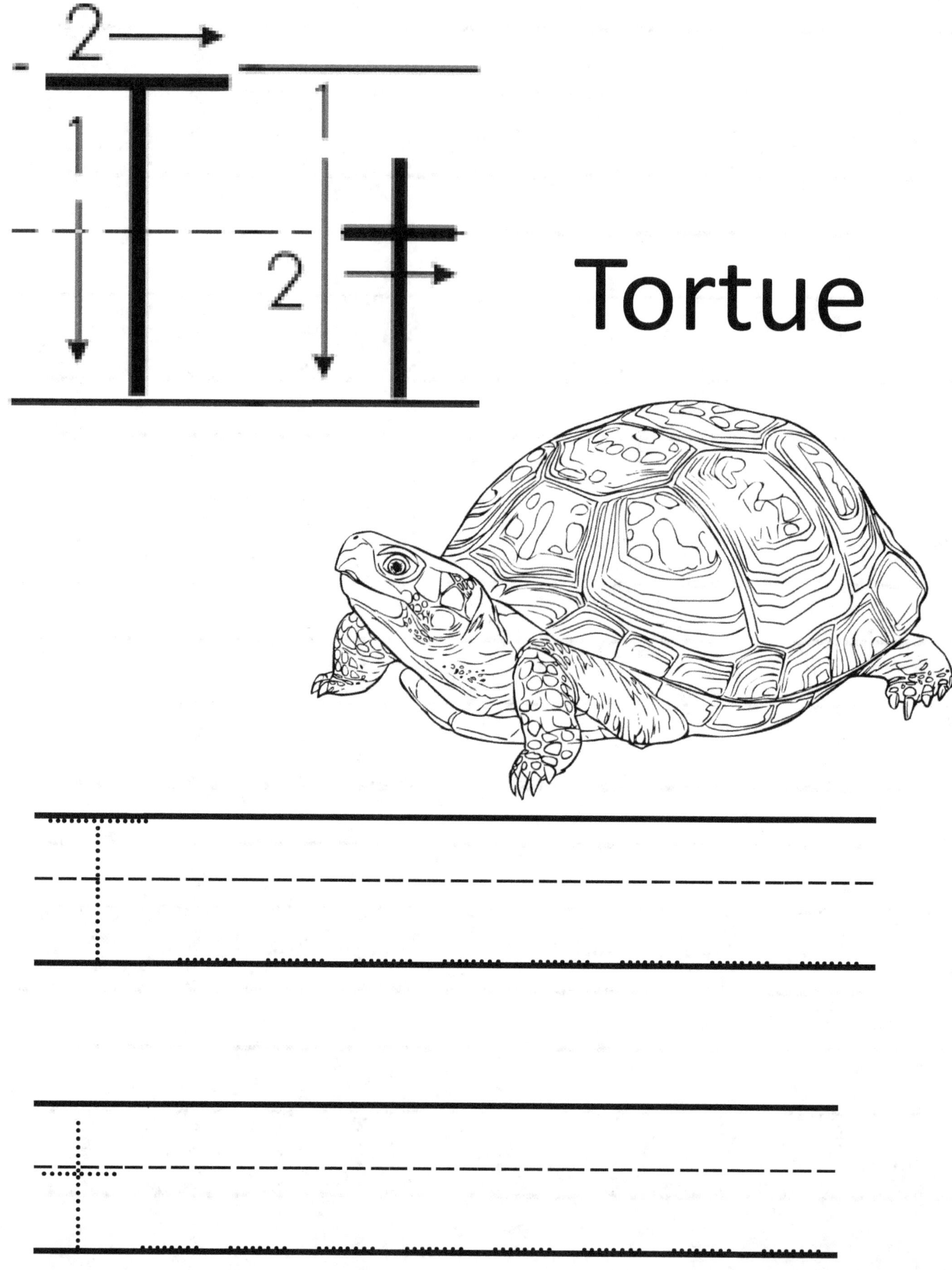

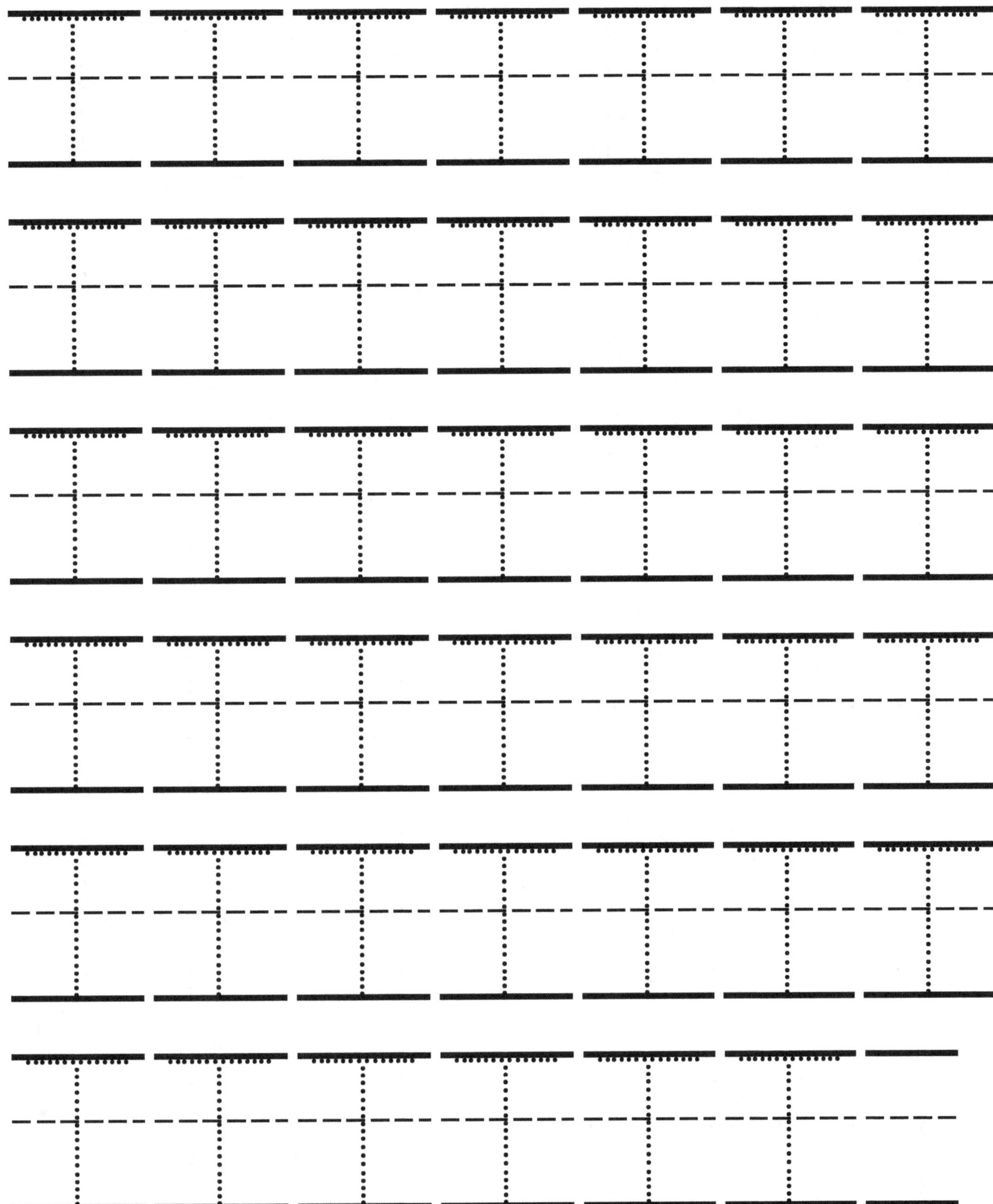

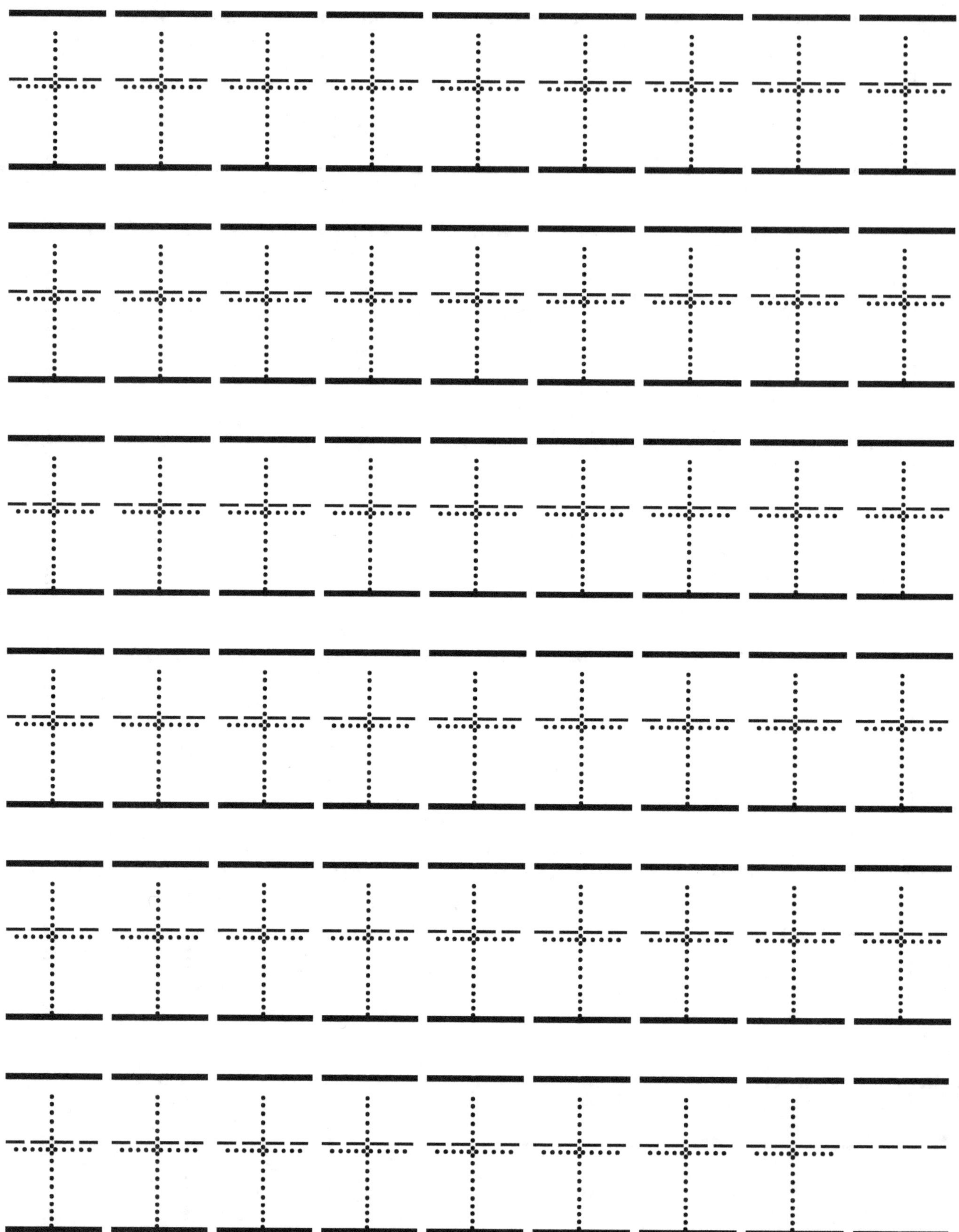

# Uu

Unicorne

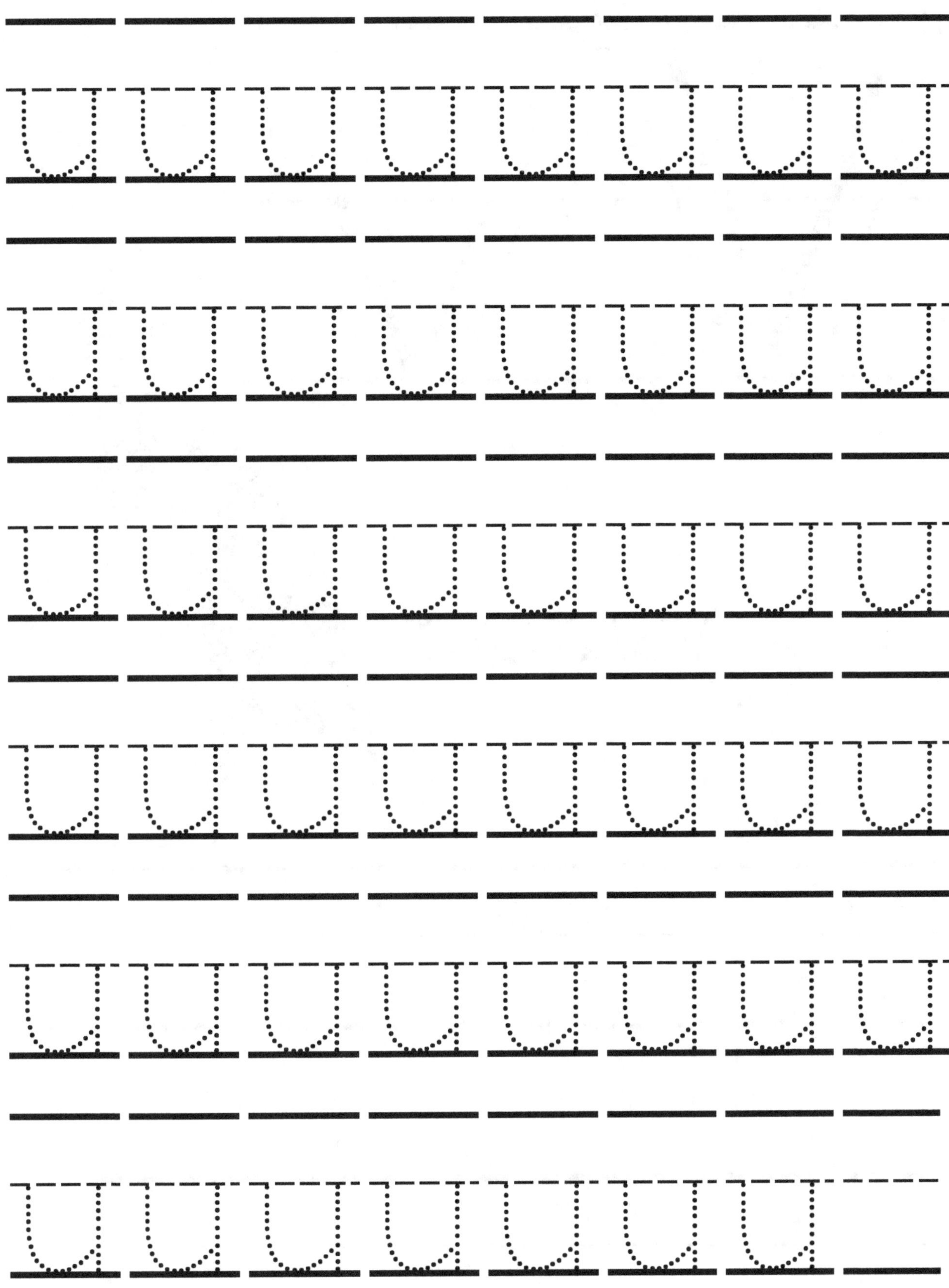

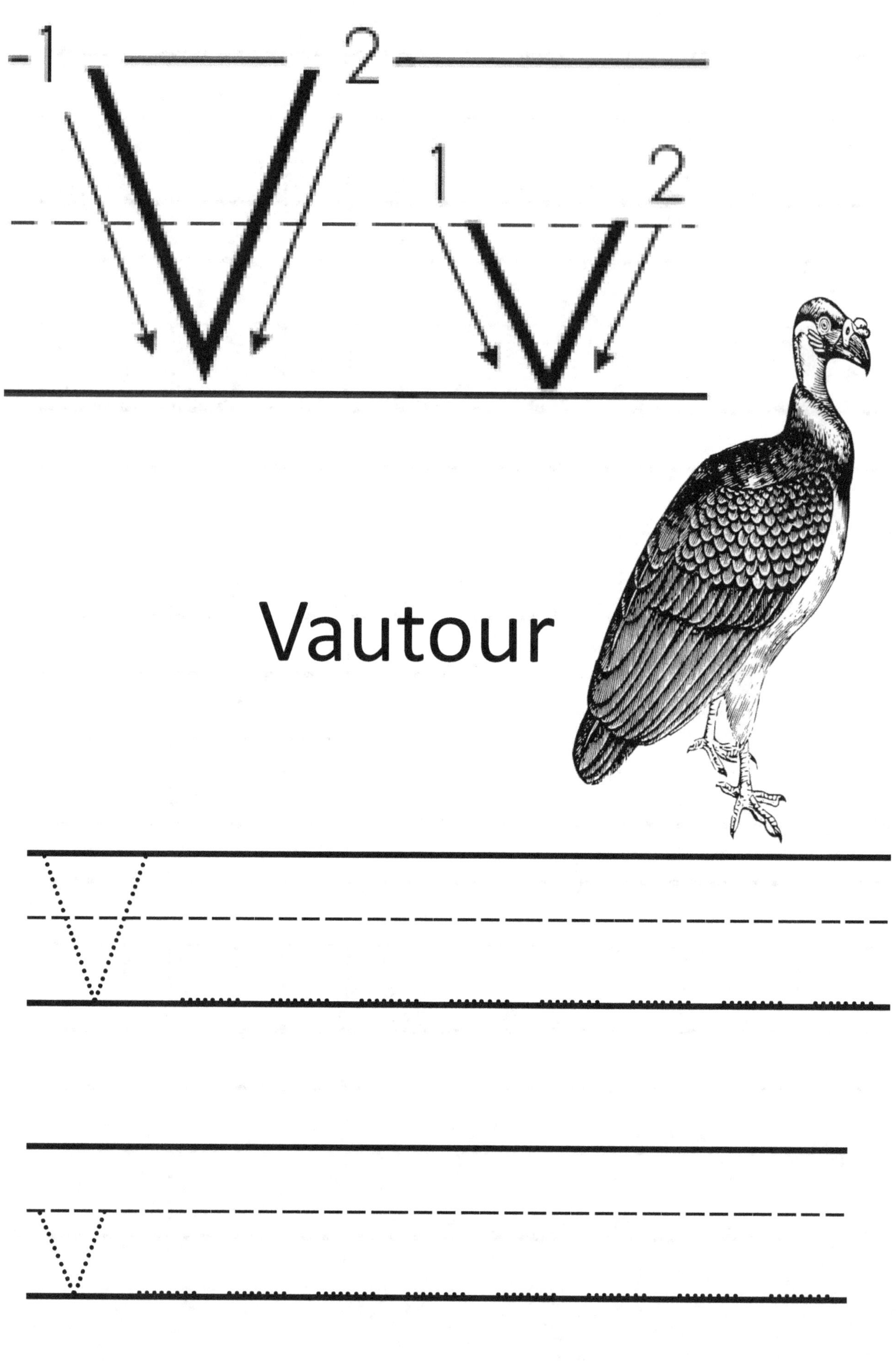

Vautour

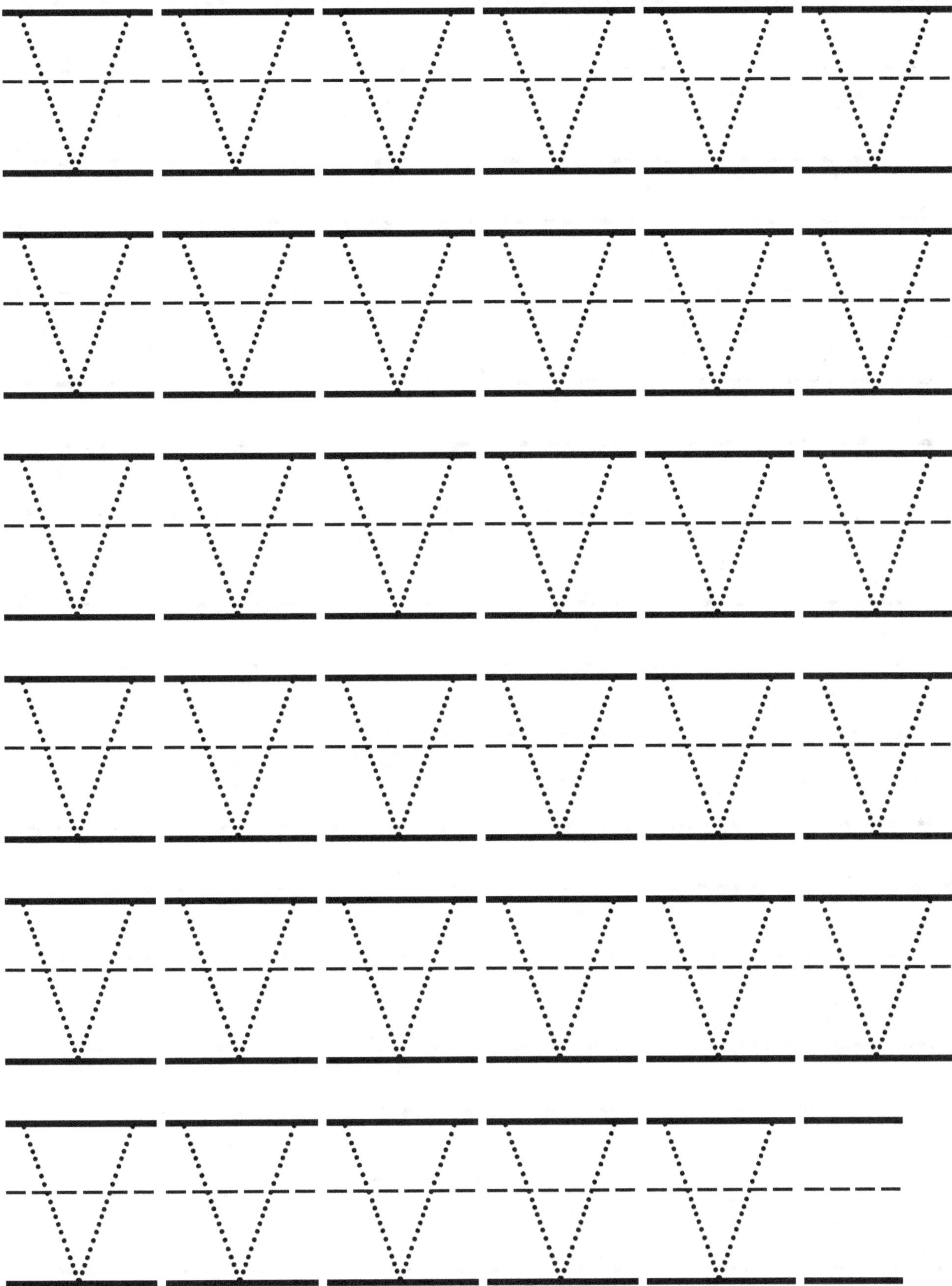

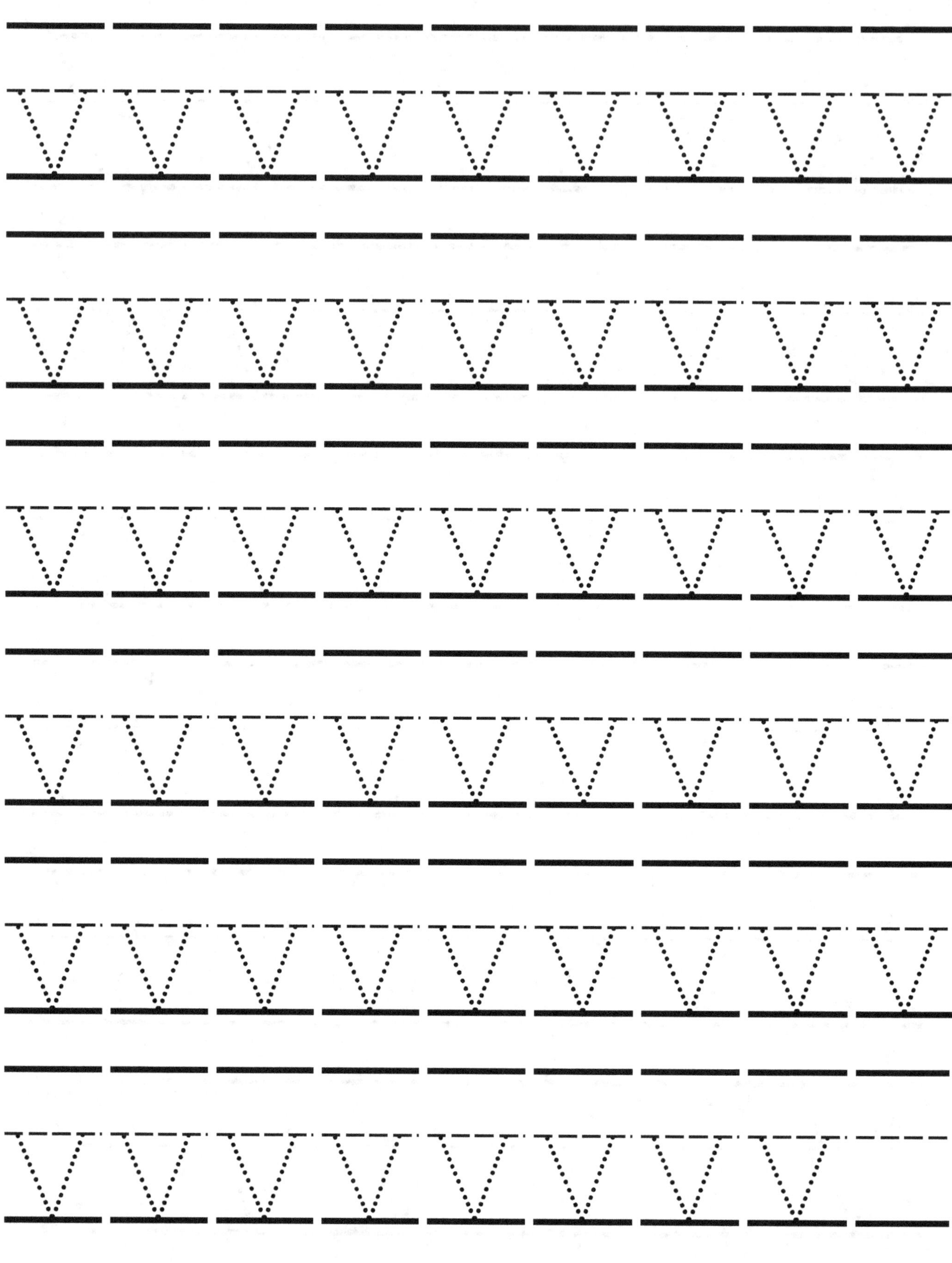

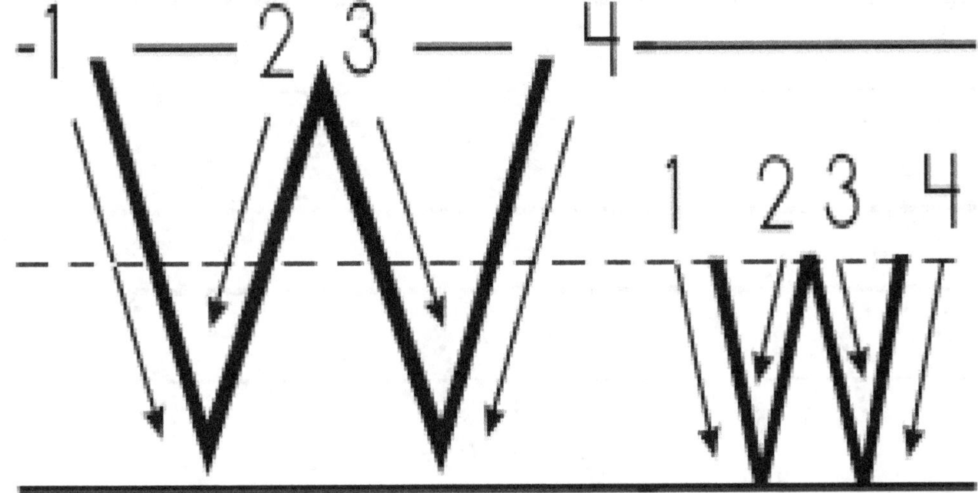

## wagon

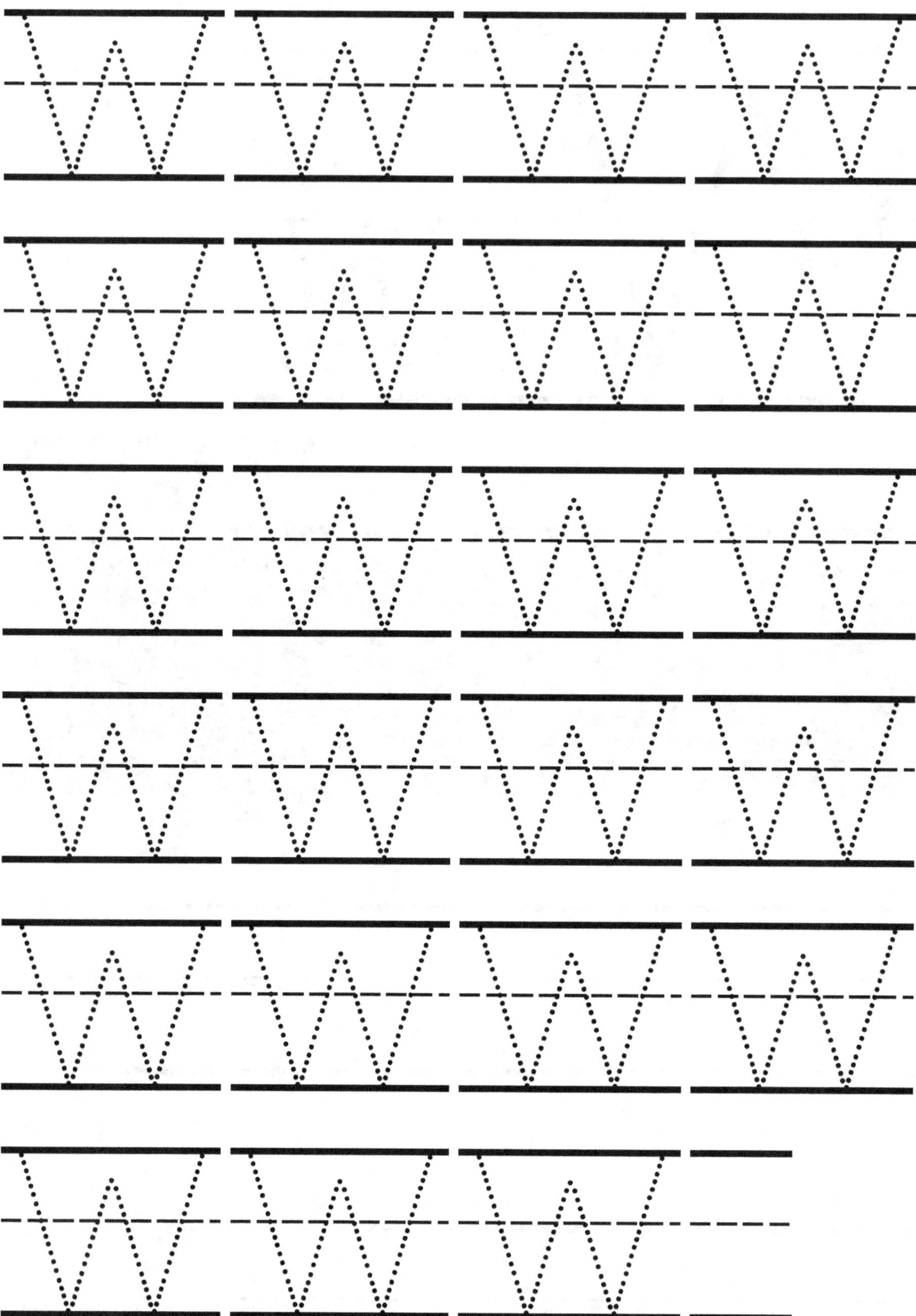

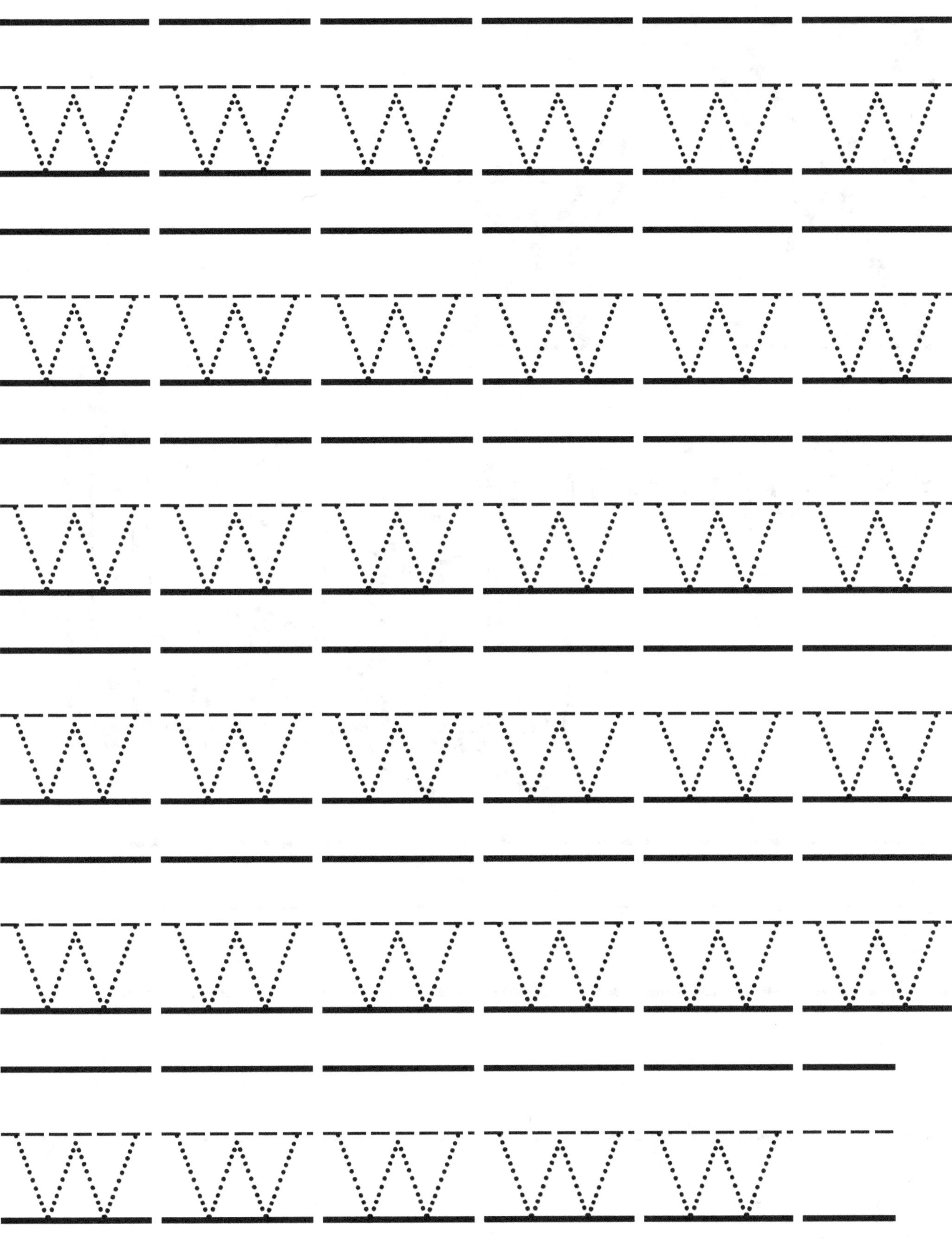

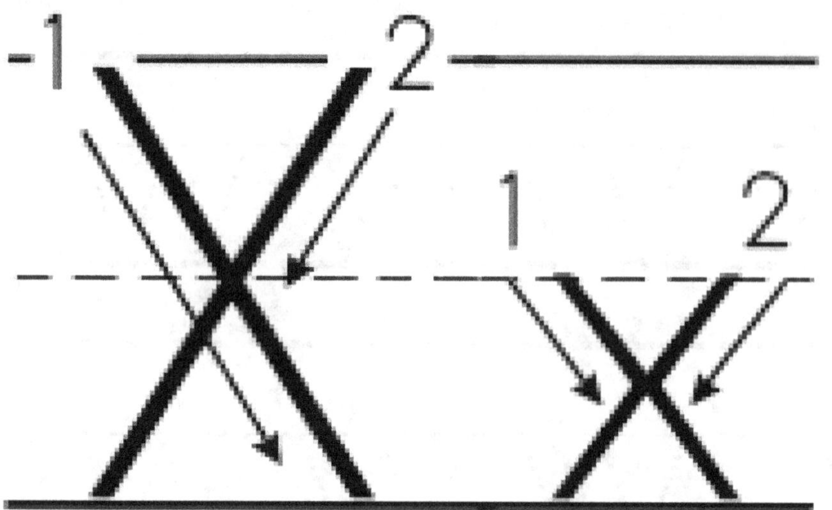

# xylophone

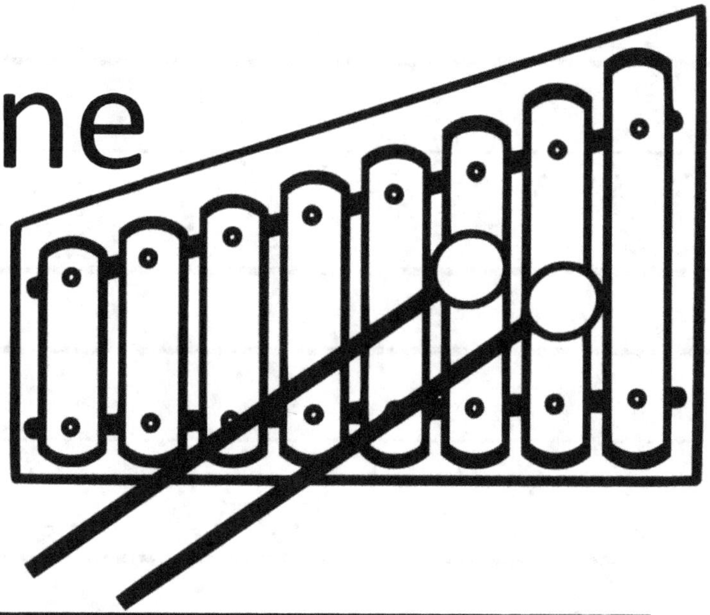

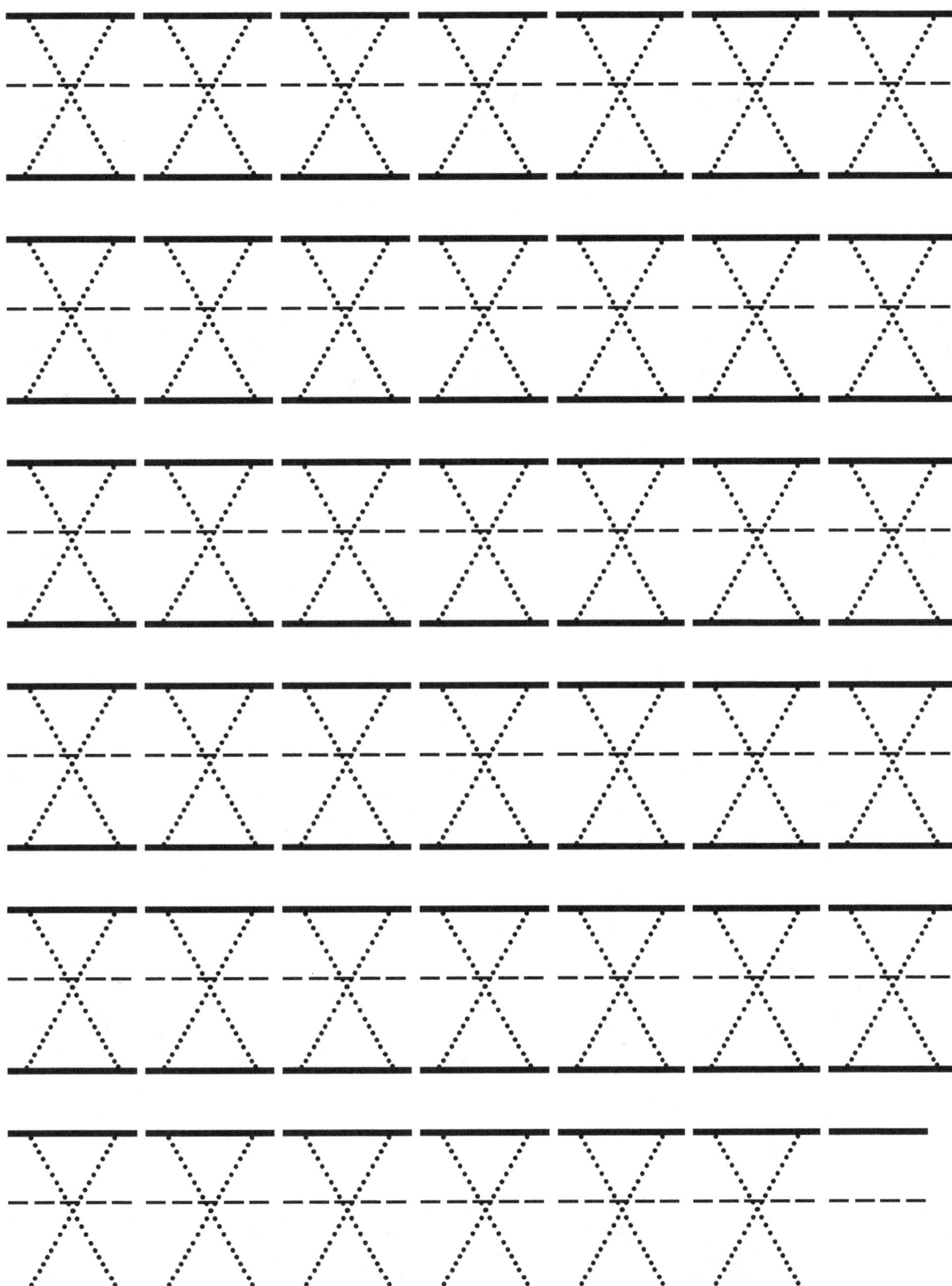

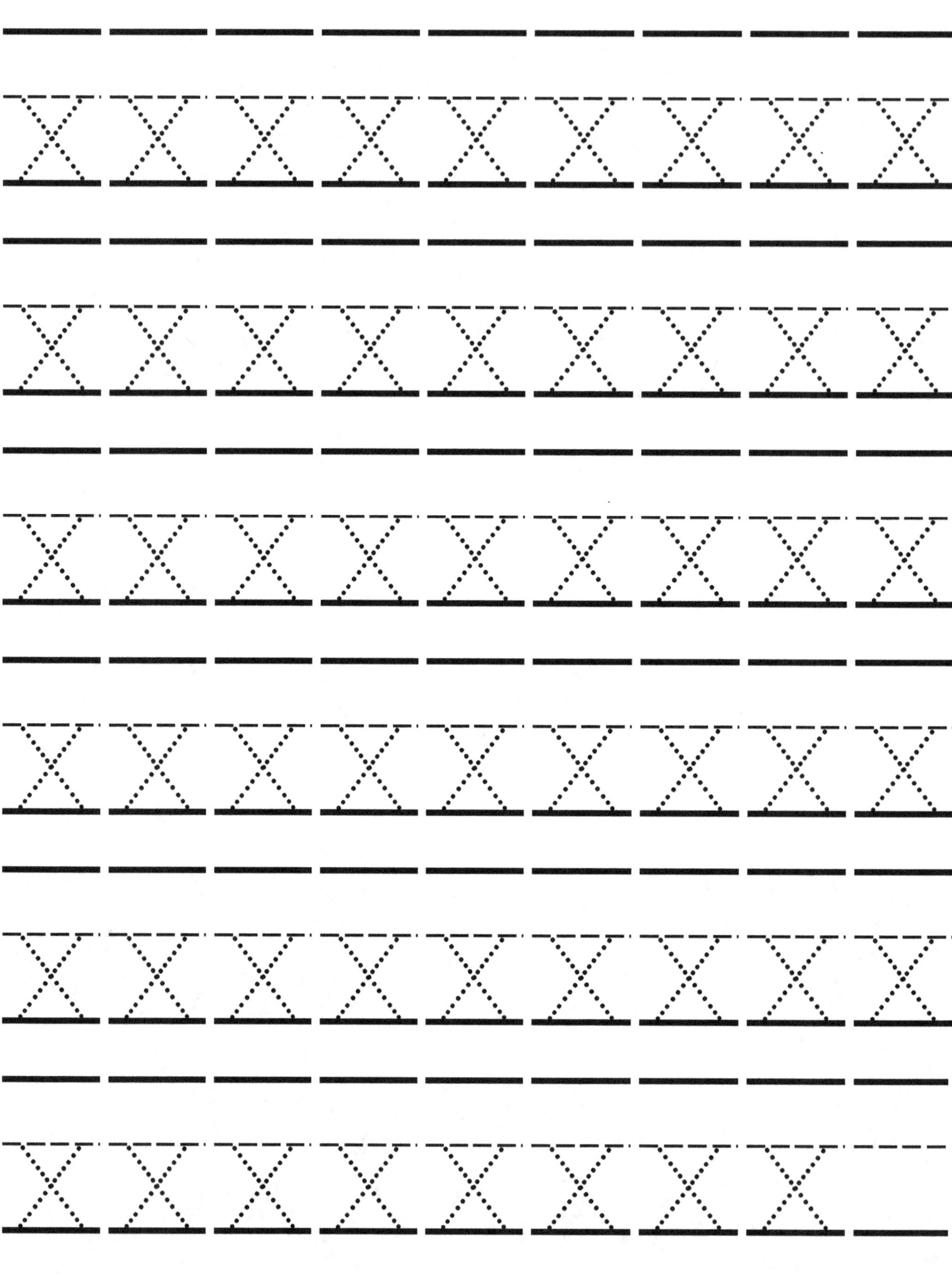

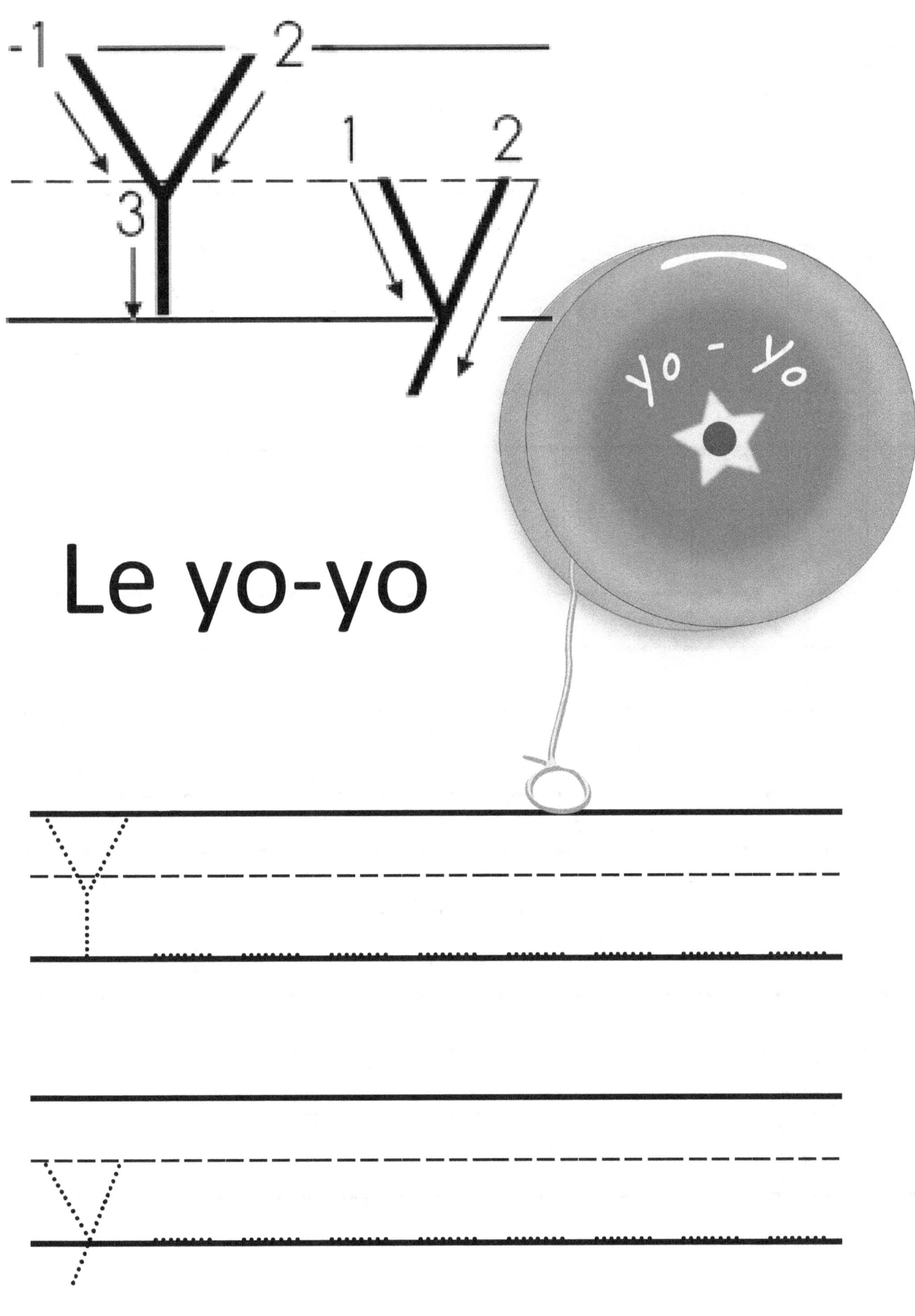

# Le yo-yo

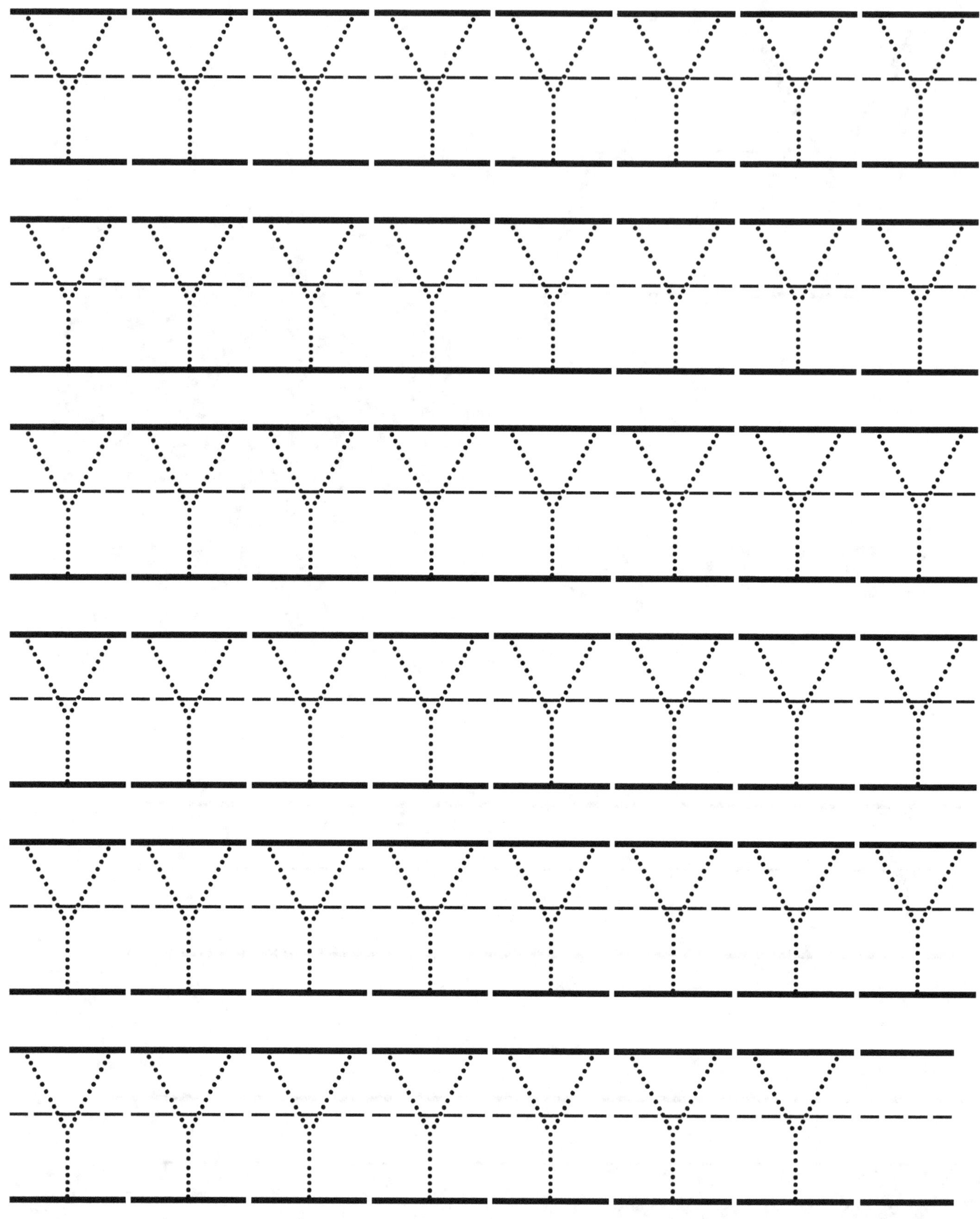

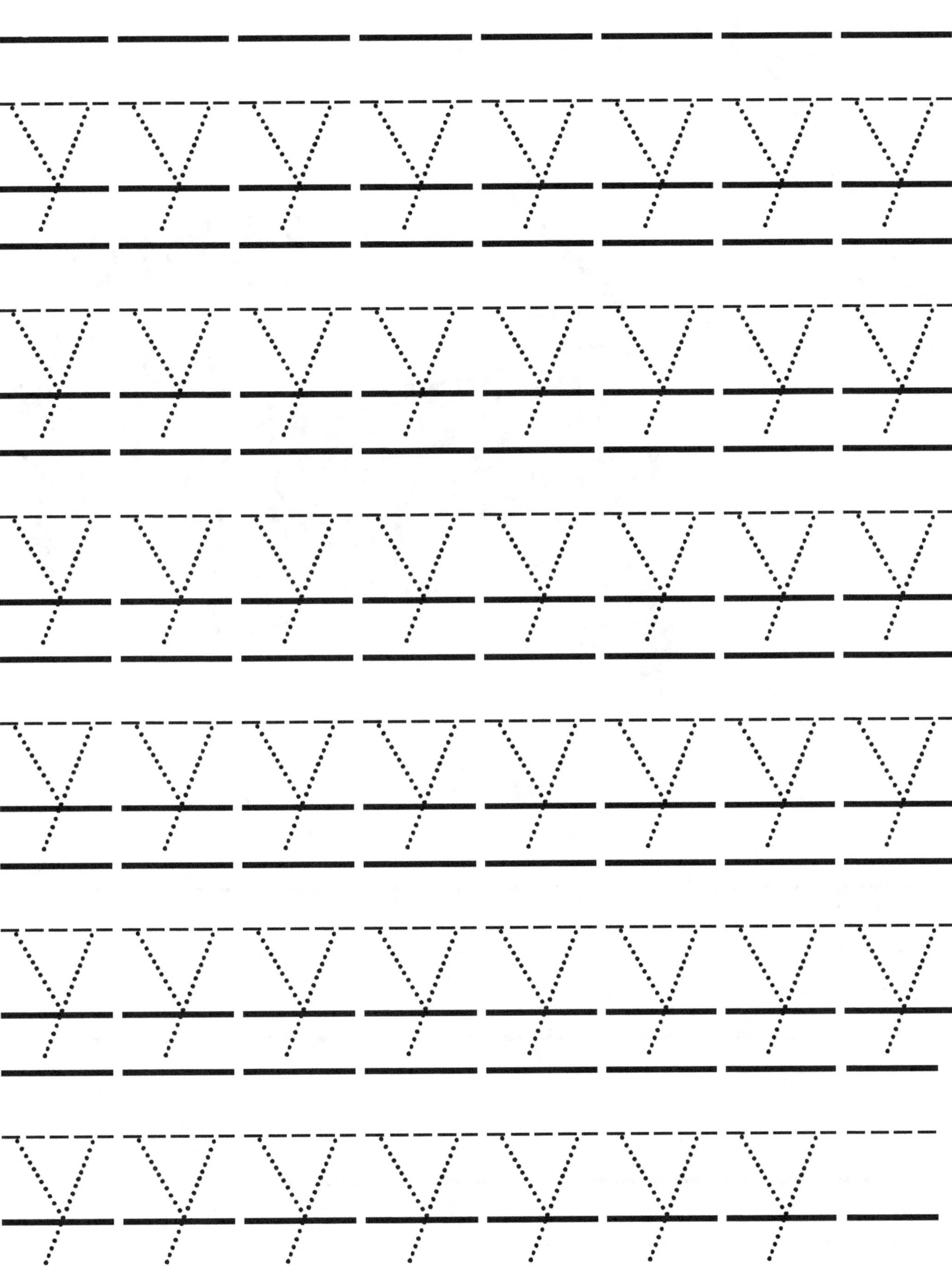

# Zz

Zèbre

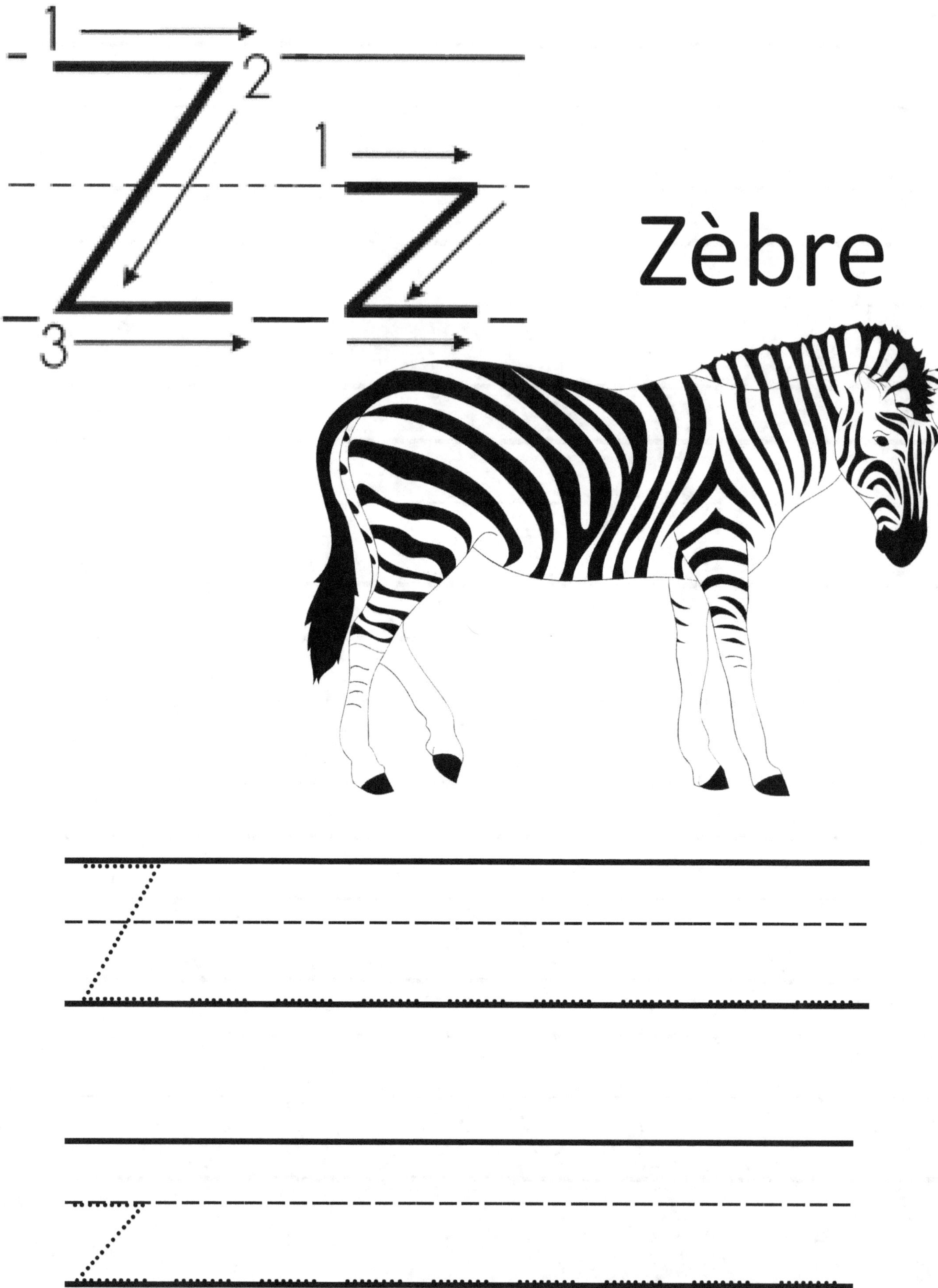

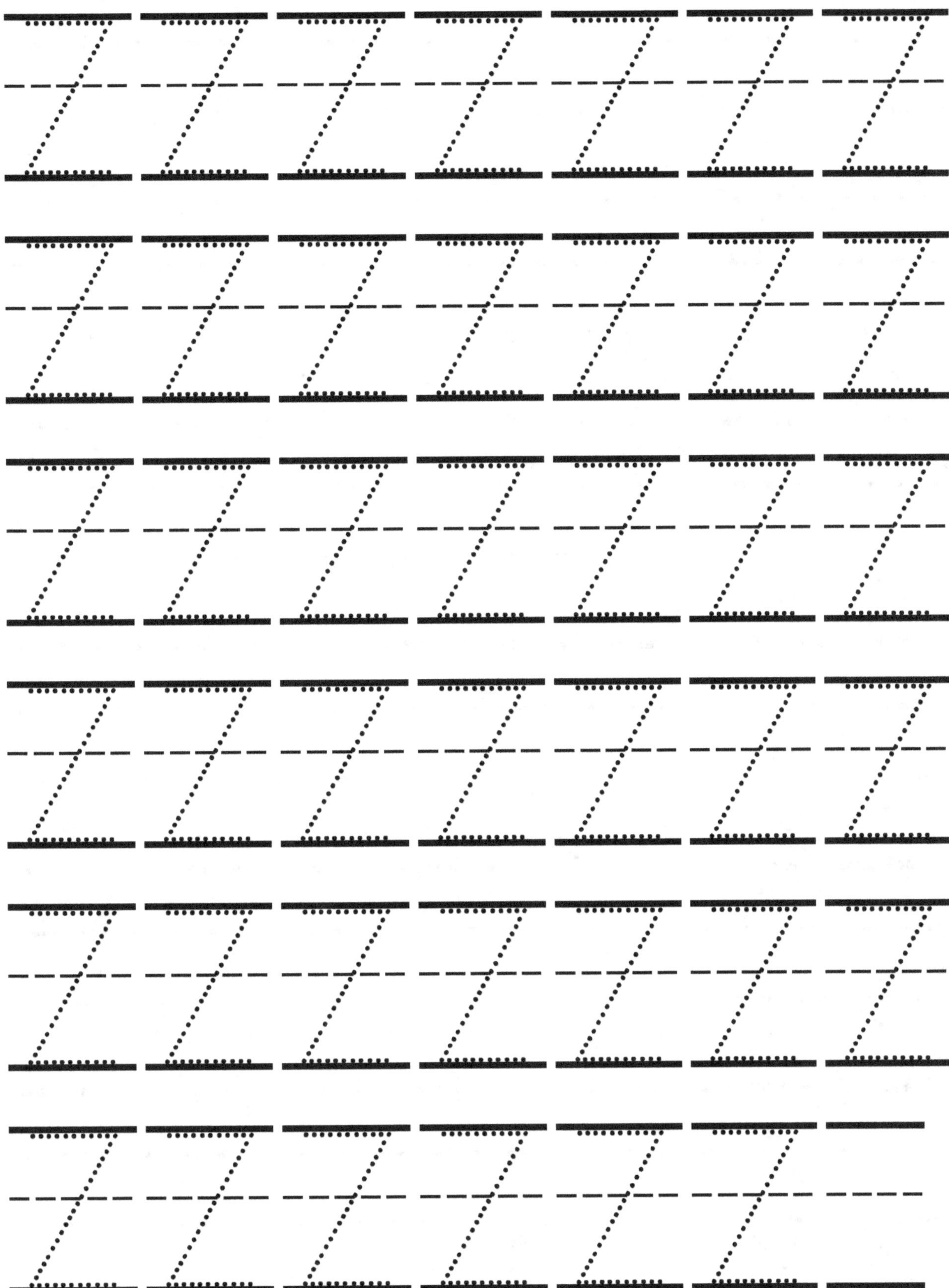

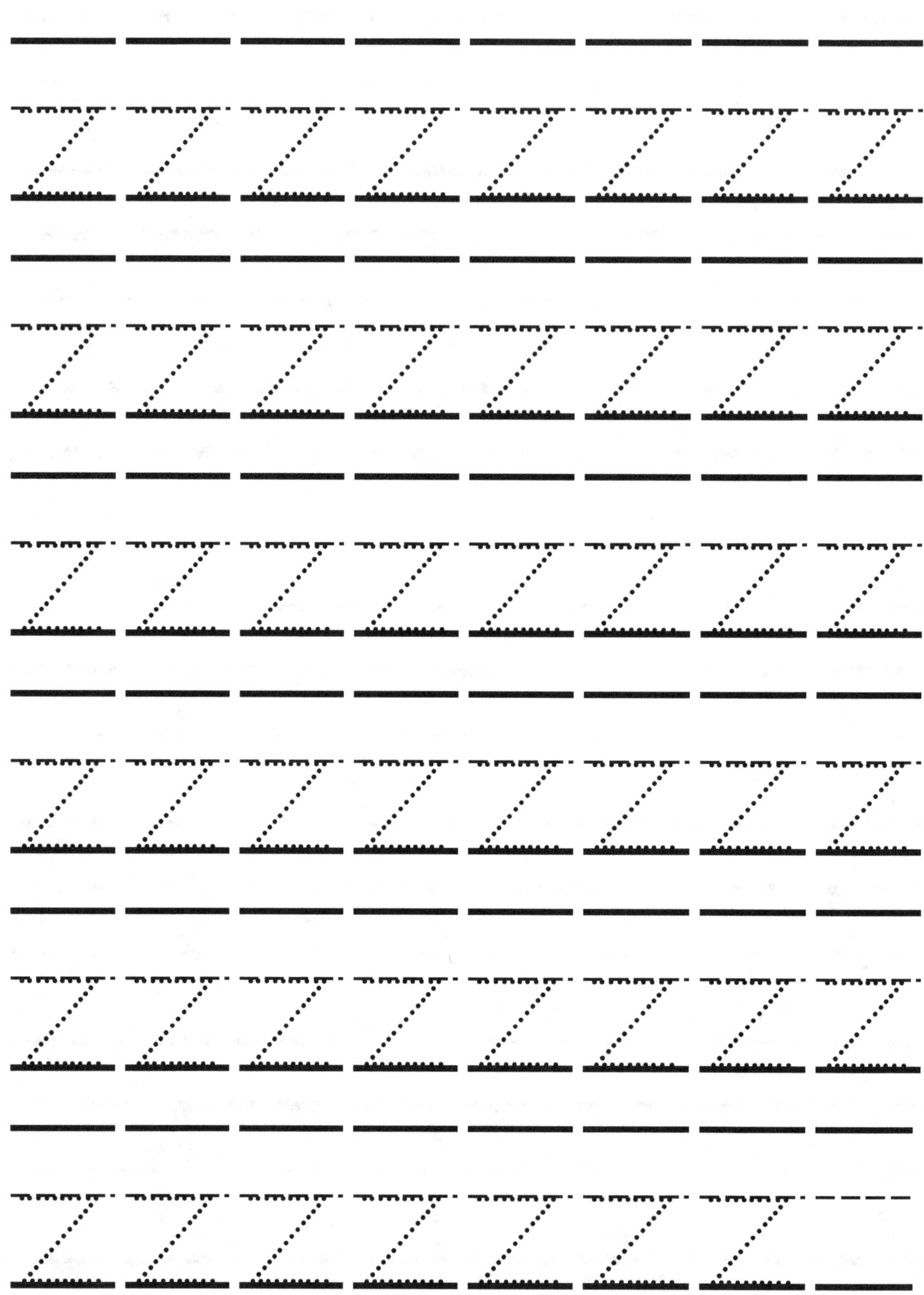

# Tracé
## les Nombres

1 2 3 4 5
6 7 8 9 0

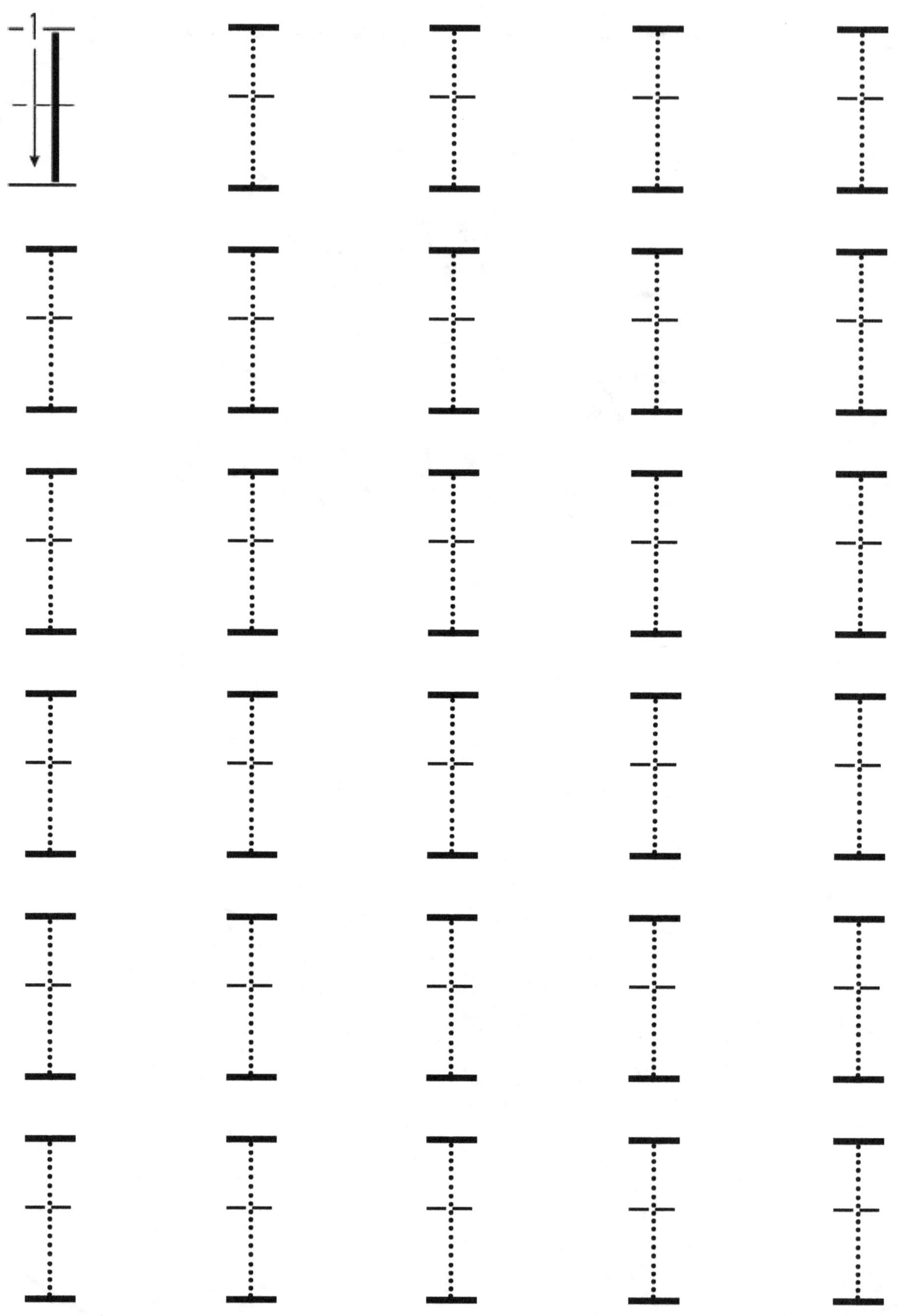

2 2 2 2

2 2 2 2

2 2 2 2

2 2 2 2

2 2 2 2

2 2 2 2

3

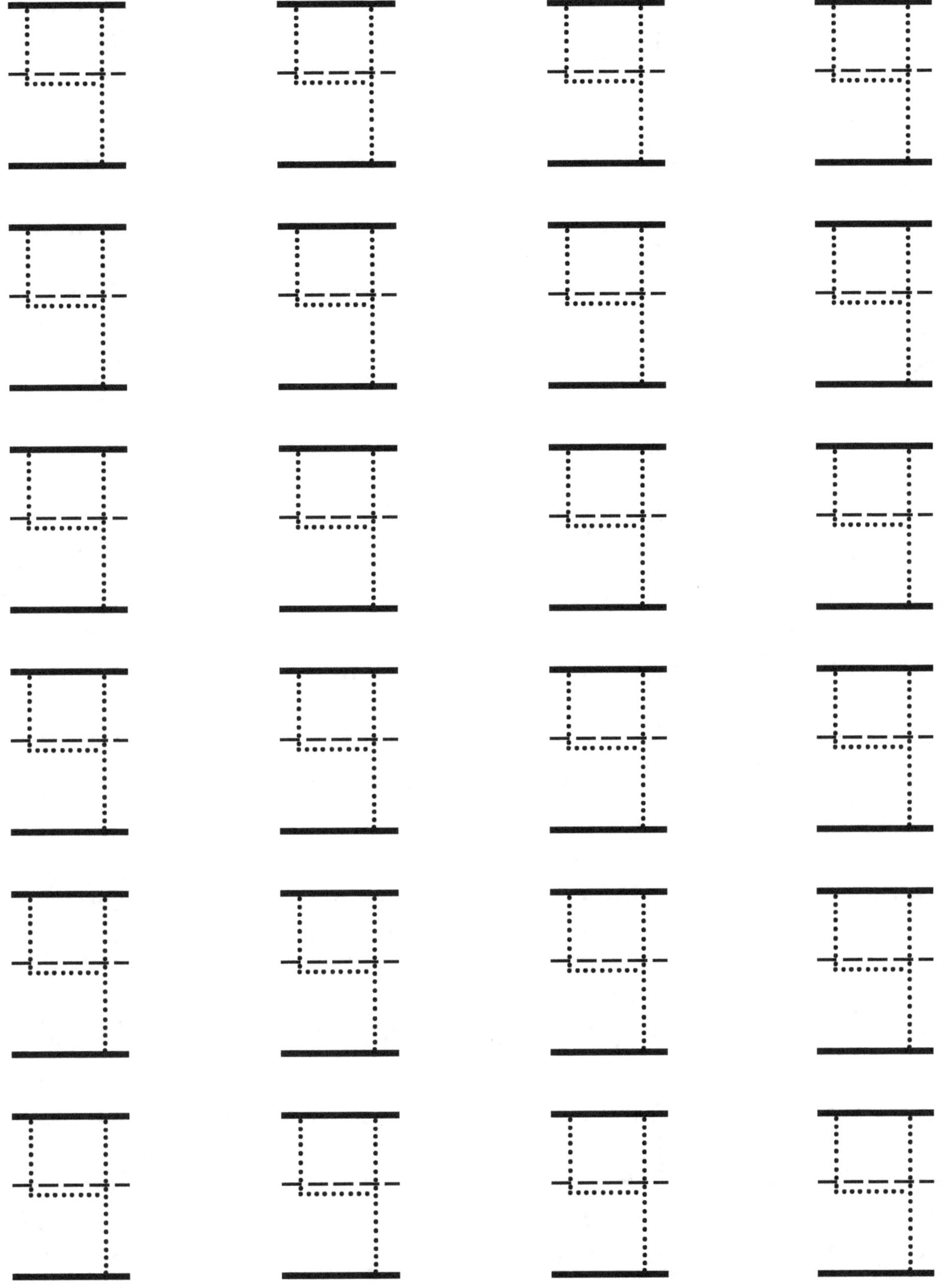

5 5 5 5

5 5 5 5

5 5 5 5

5 5 5 5

5 5 5 5

5 5 5 5

6 6 6 6

6 6 6 6

6 6 6 6

6 6 6 6

6 6 6 6

6 6 6 6

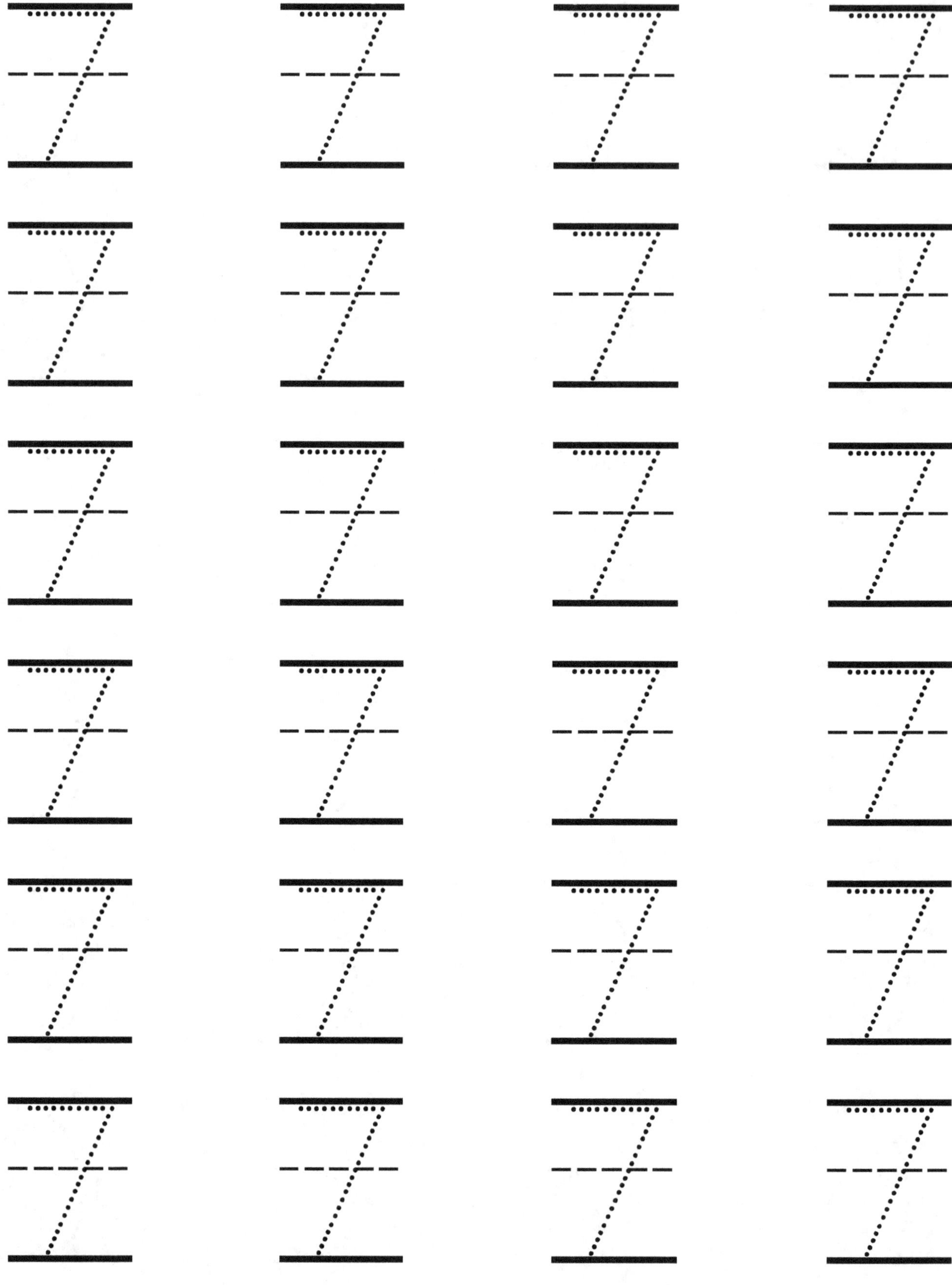

9 9 9 9

9 9 9 9

9 9 9 9

9 9 9 9

9 9 9 9

9 9 9 9

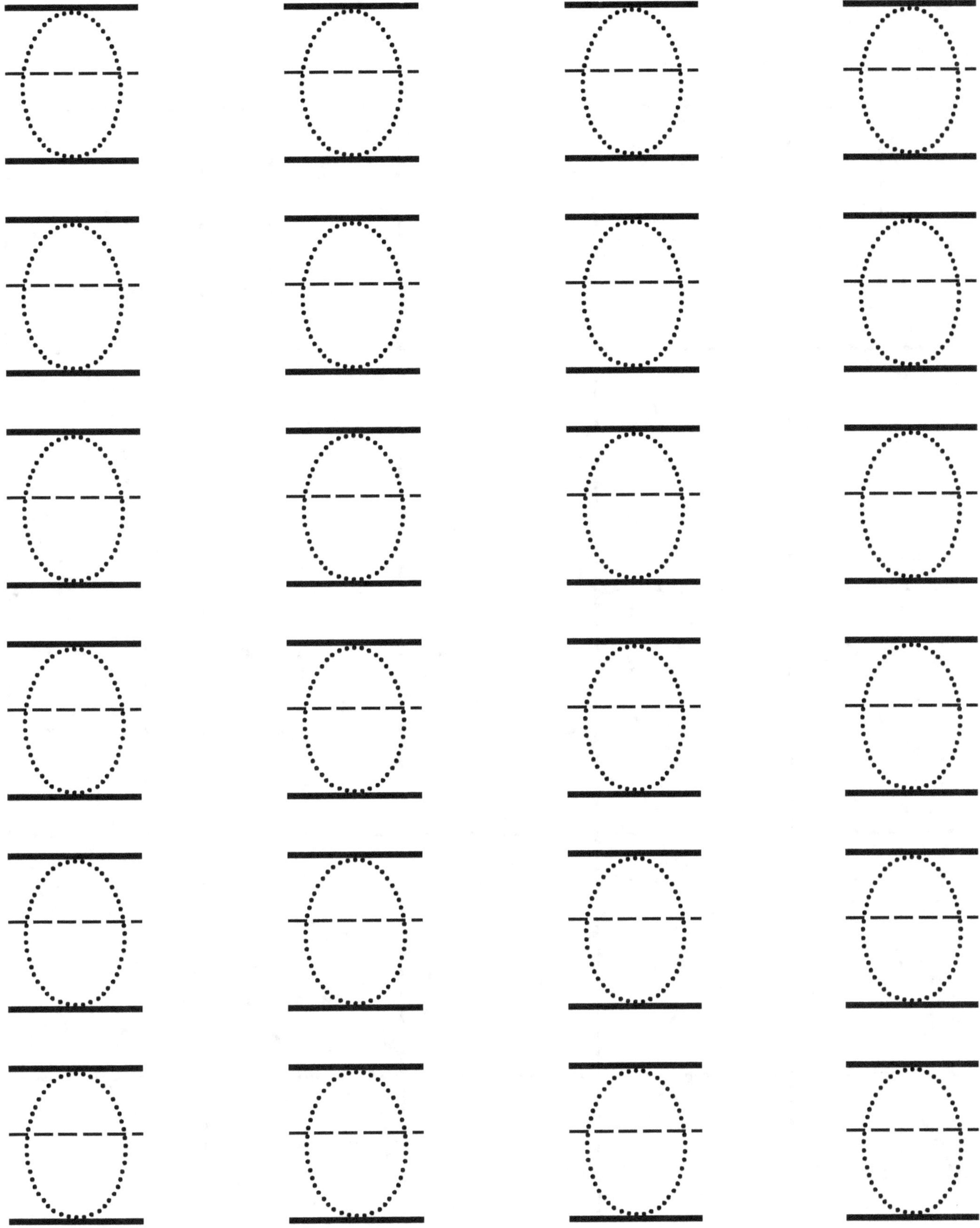

| 1 | 2 | 3 | 4 | 5 |
| --- | --- | --- | --- | --- |
| 6 | 7 | 8 | 9 | 10 |
| 11 | 12 | 13 | 14 | 15 |
| 16 | 17 | 18 | 19 | 20 |
| 21 | 22 | 23 | 24 | 25 |

| 26 | 27 | 28 | 29 | 30 |
| 31 | 32 | 33 | 34 | 35 |
| 36 | 37 | 38 | 39 | 40 |
| 41 | 42 | 43 | 44 | 45 |
| 46 | 47 | 48 | 49 | 50 |

| 51 | 52 | 53 | 54 | 55 |
| 56 | 57 | 58 | 59 | 60 |
| 61 | 62 | 63 | 64 | 65 |
| 66 | 67 | 68 | 69 | 70 |
| 71 | 72 | 73 | 74 | 75 |

| 76 | 77 | 78 | 79 | 80 |
| 81 | 82 | 83 | 84 | 85 |
| 86 | 87 | 88 | 89 | 90 |
| 91 | 92 | 93 | 94 | 95 |
| 96 | 97 | 98 | 99 | 100 |

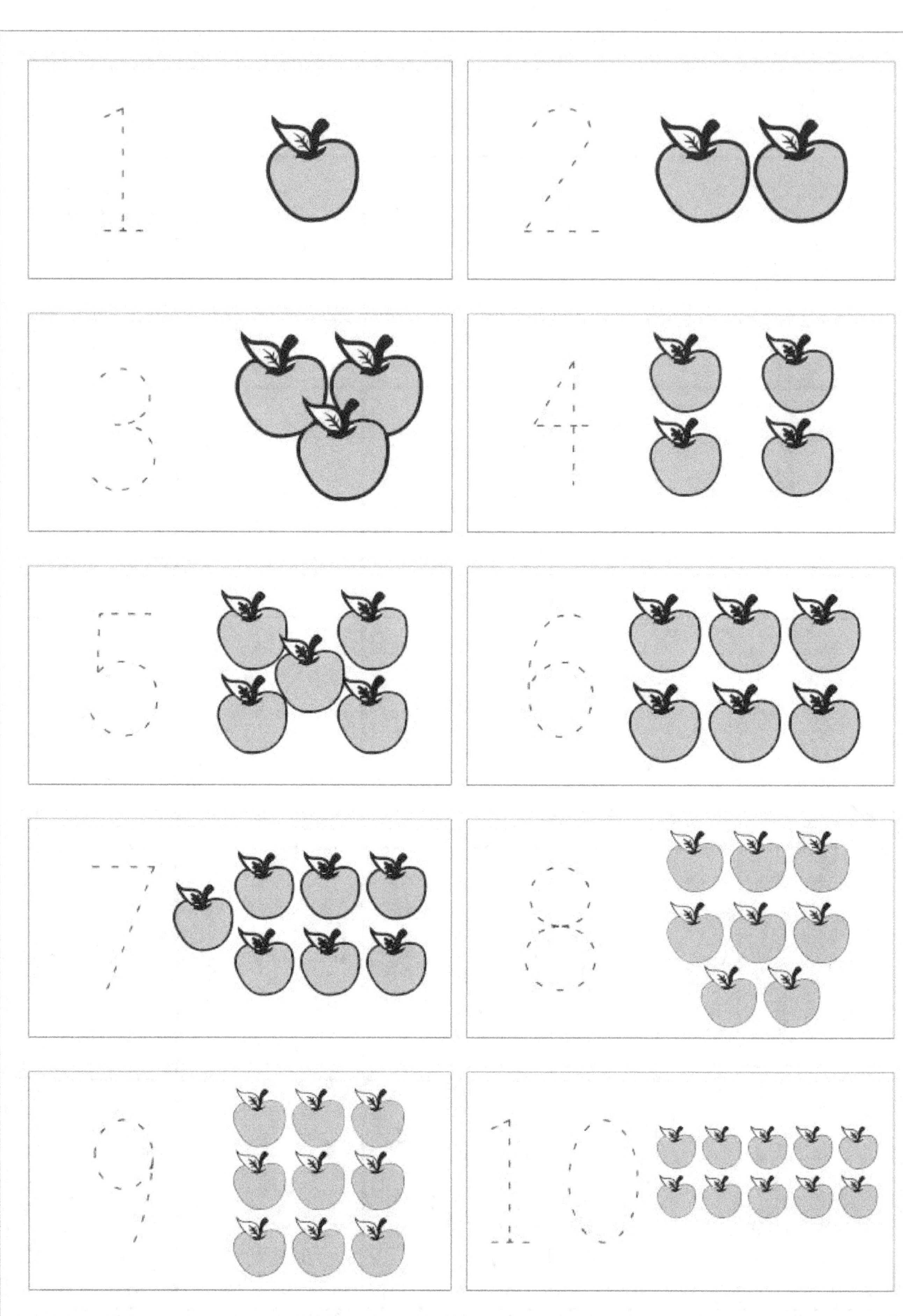

# associer chaque numéro à son nom

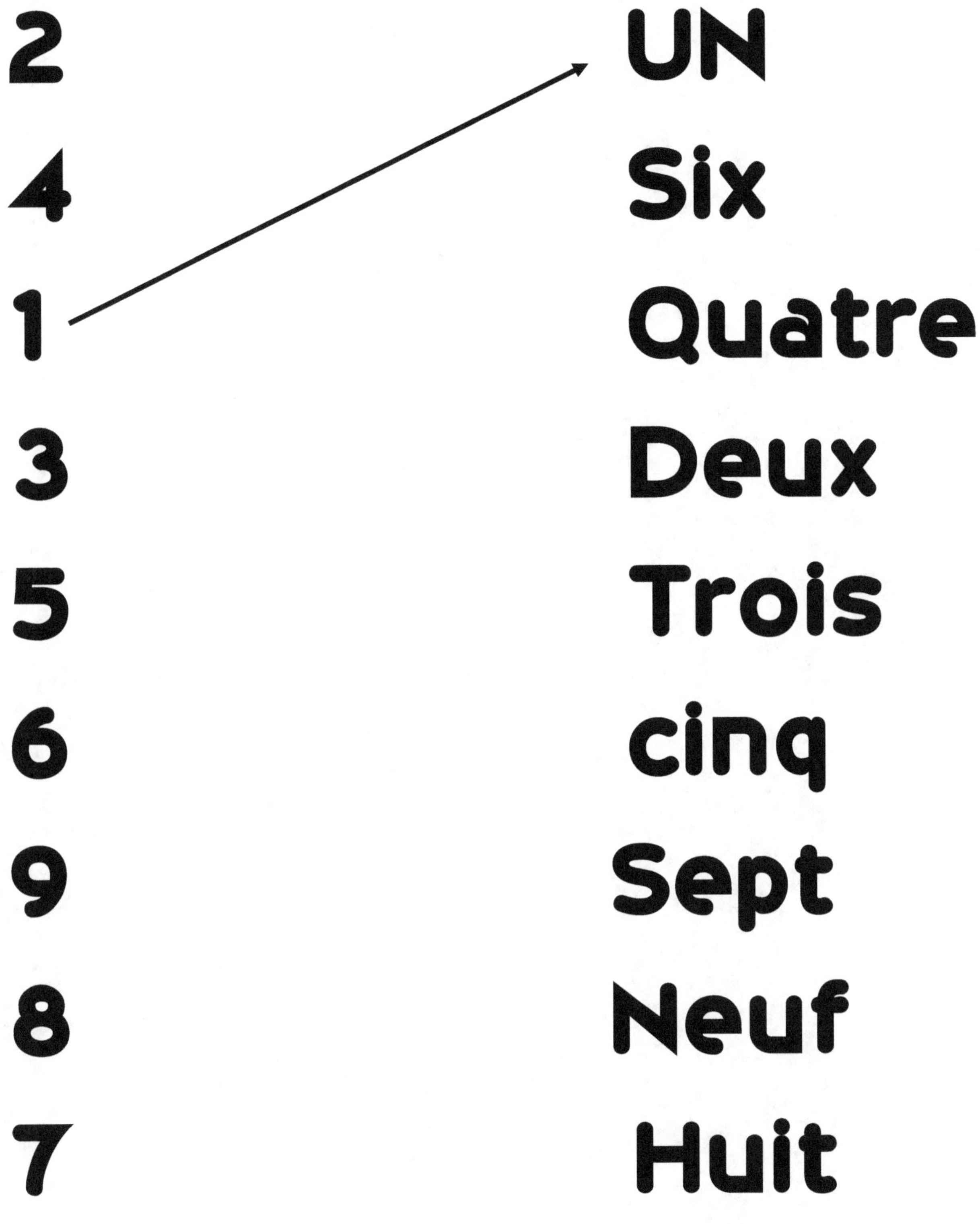

# lettres à colorier

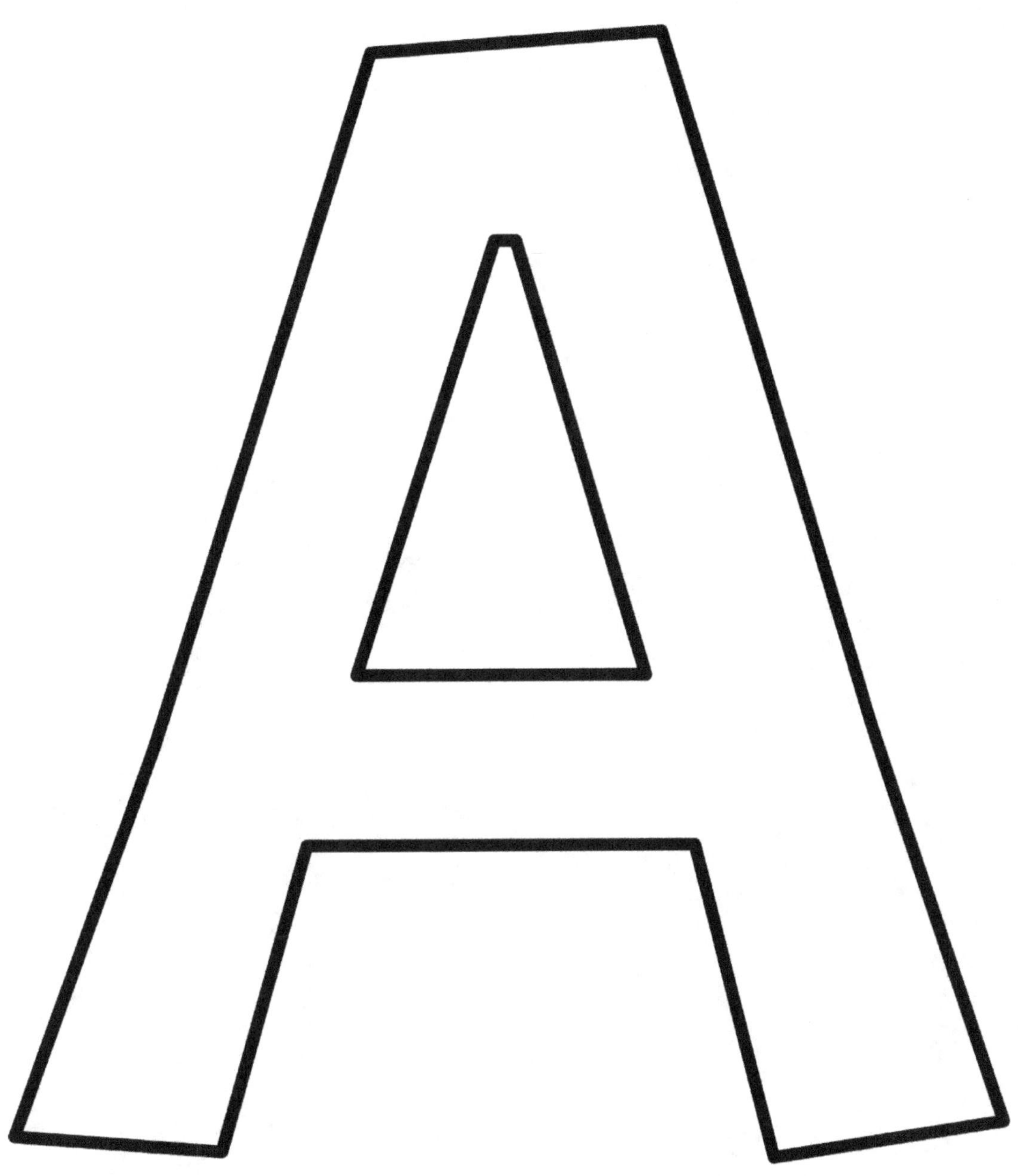

# lettres à colorier

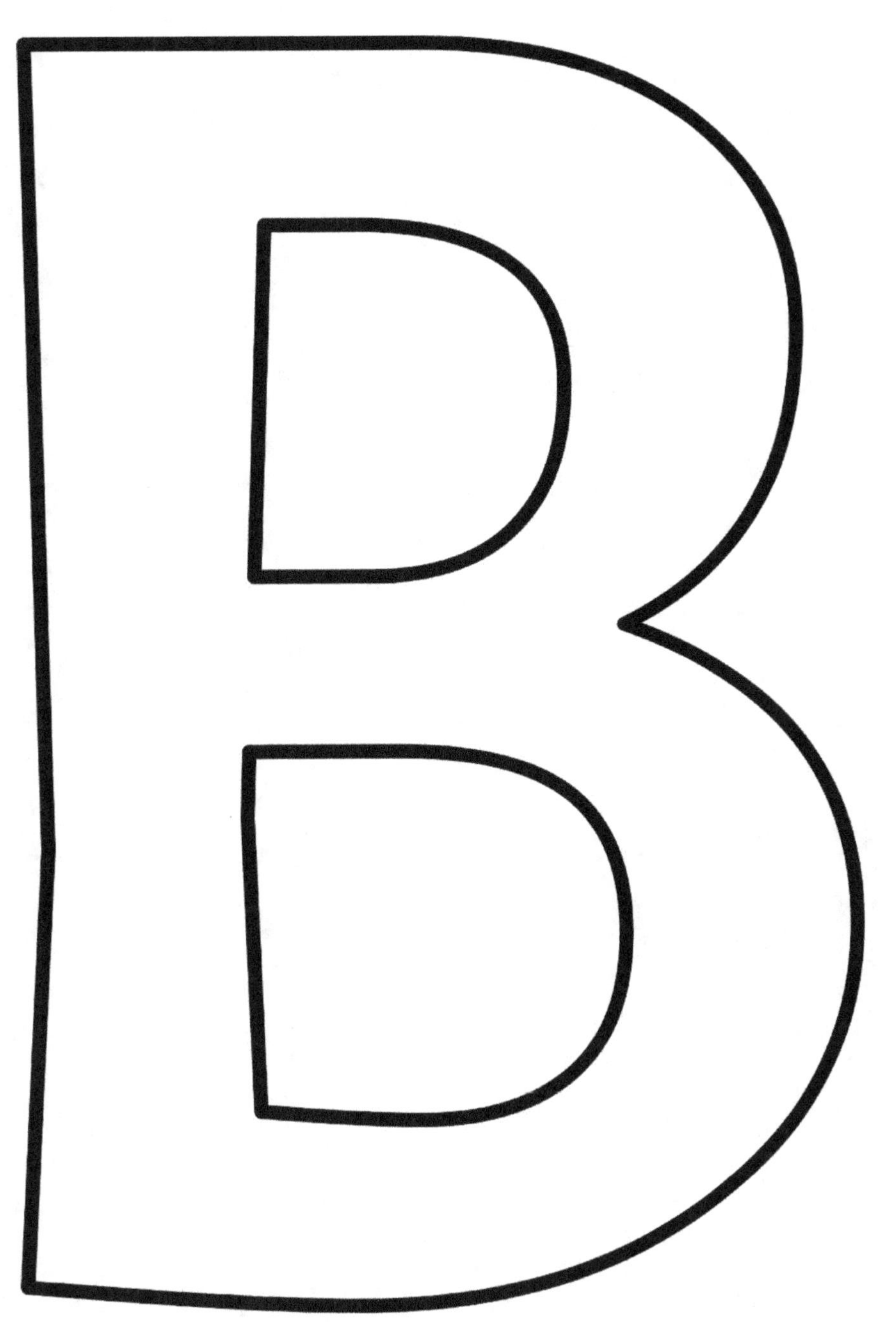

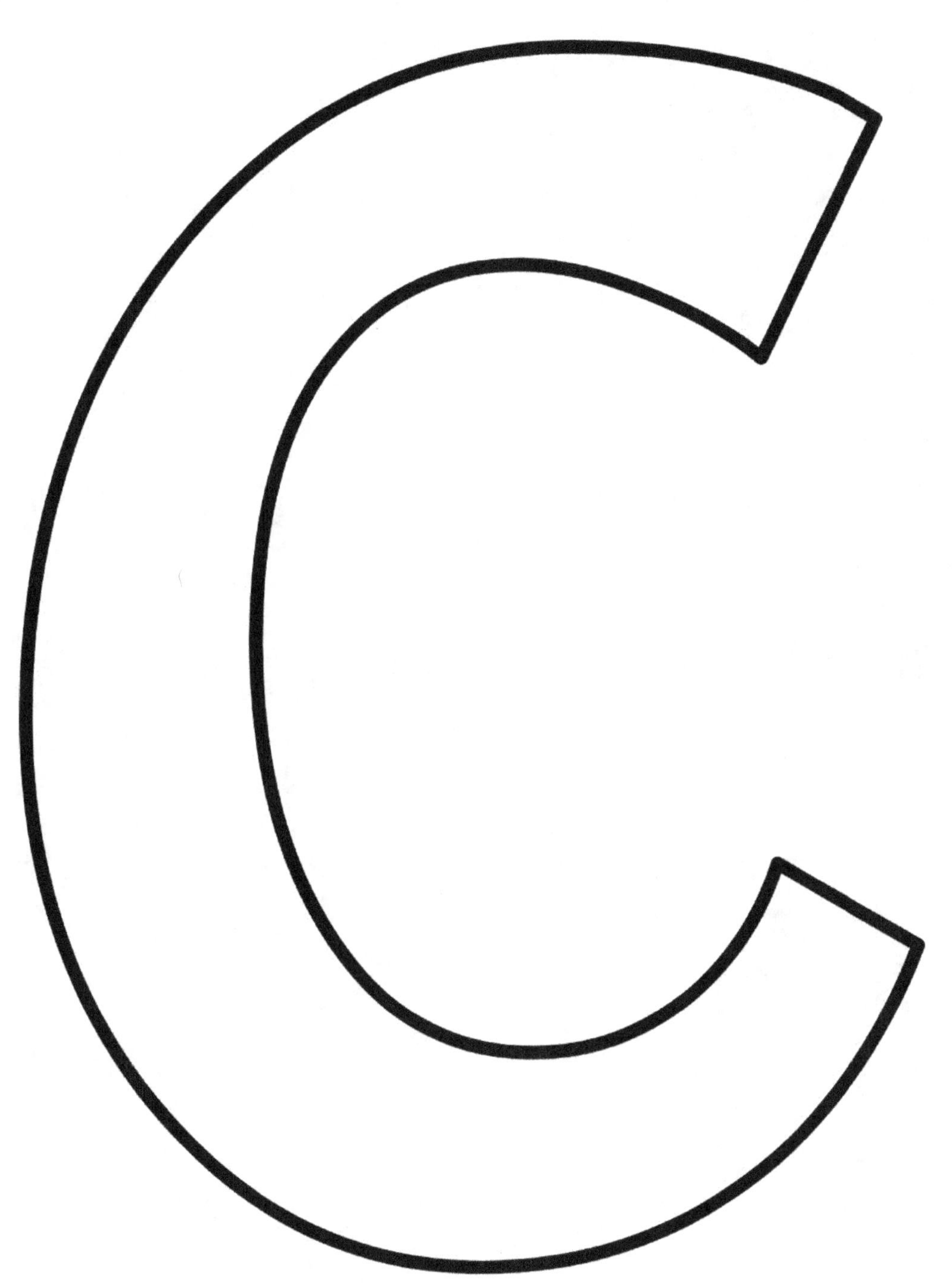

# lettres à colorier

# lettres à colorier

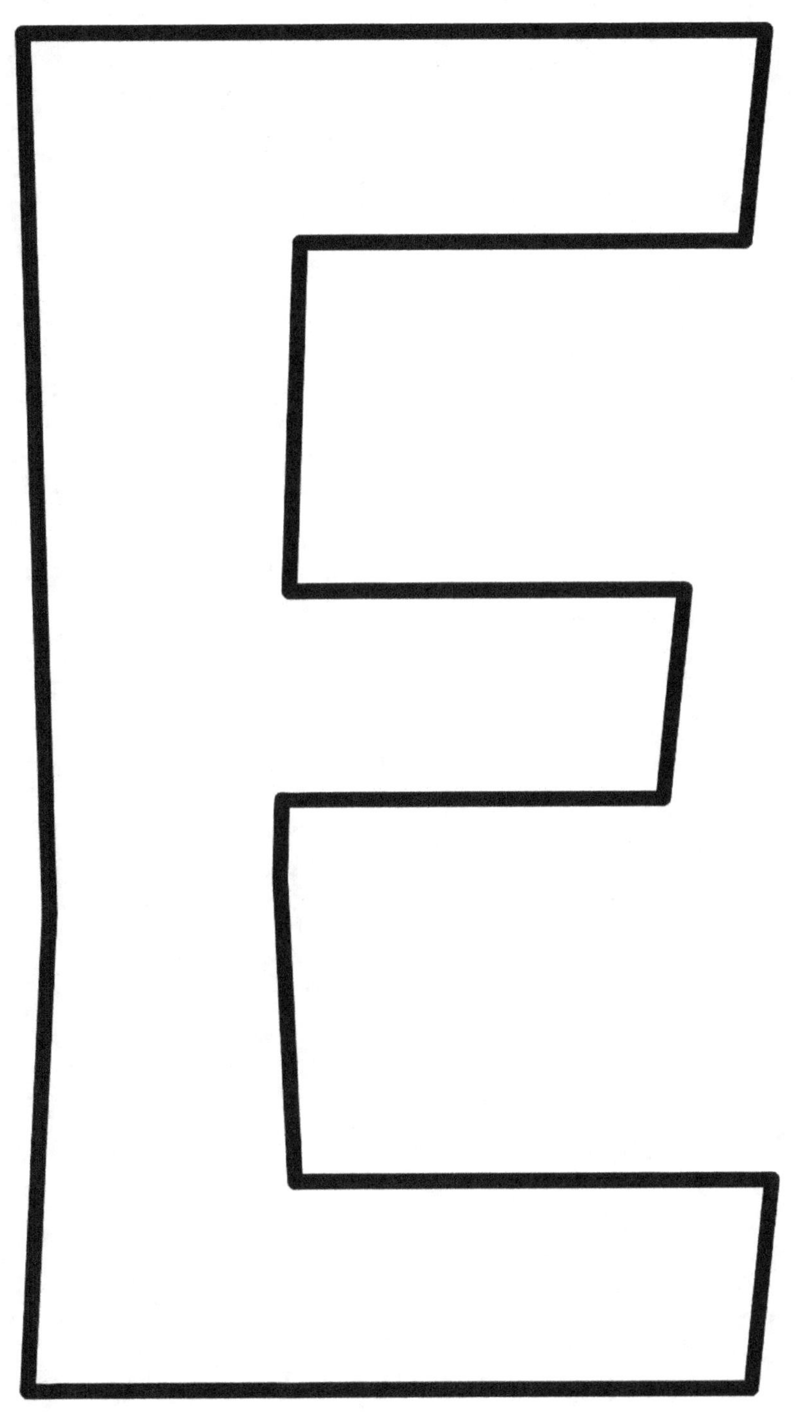

# lettres à colorier

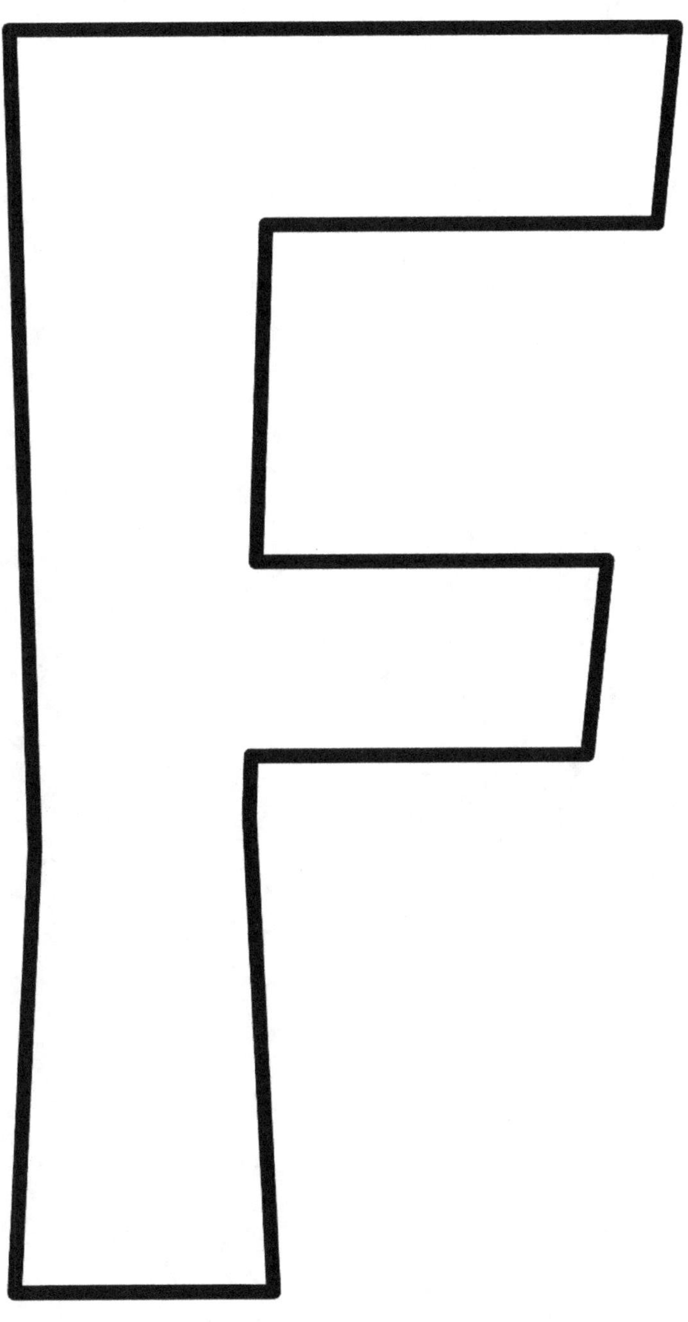

# lettres à colorier

# lettres à colorier

# lettres à colorier

# lettres à colorier

# lettres à colorier

# lettres à colorier

# lettres à colorier

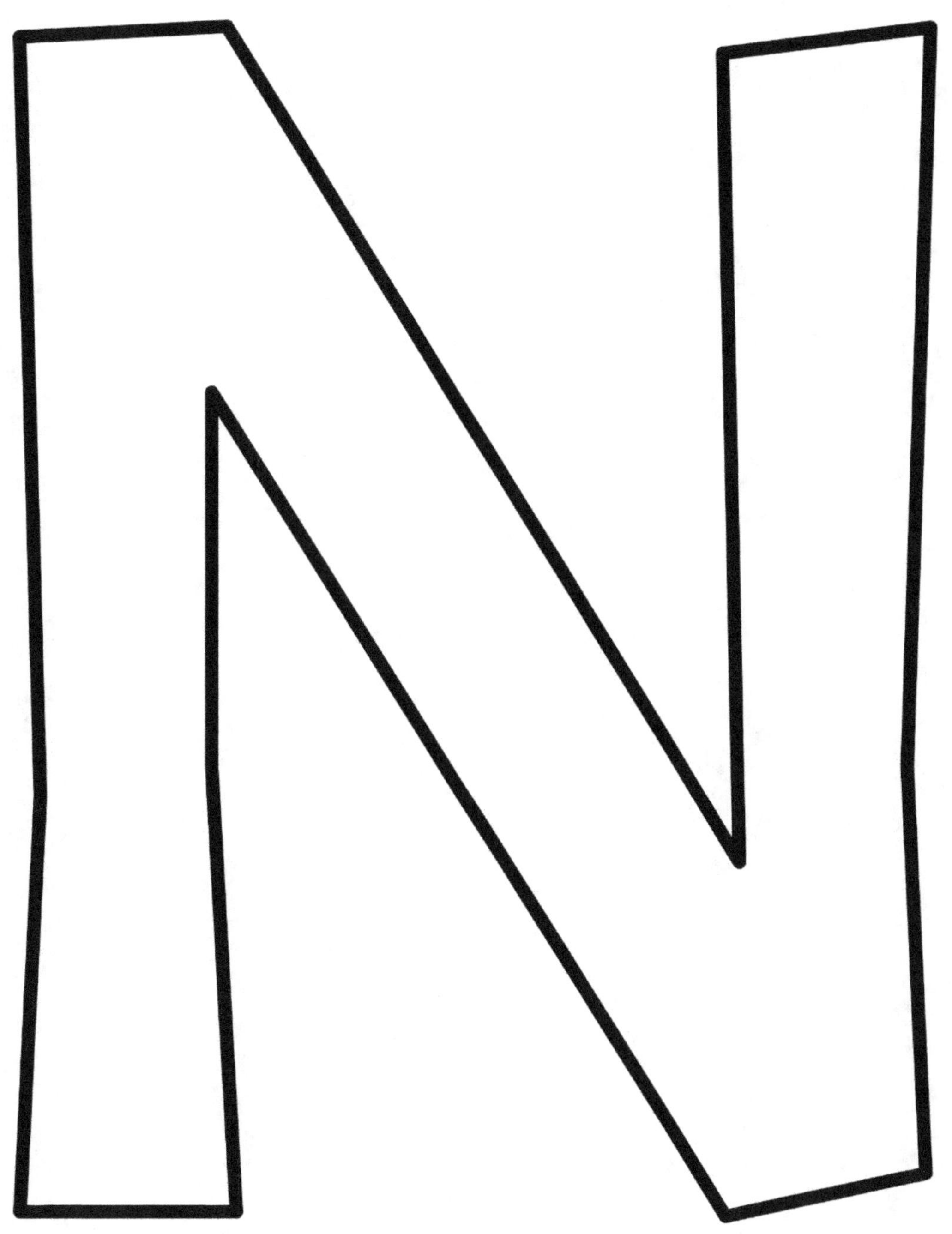

# lettres à colorier

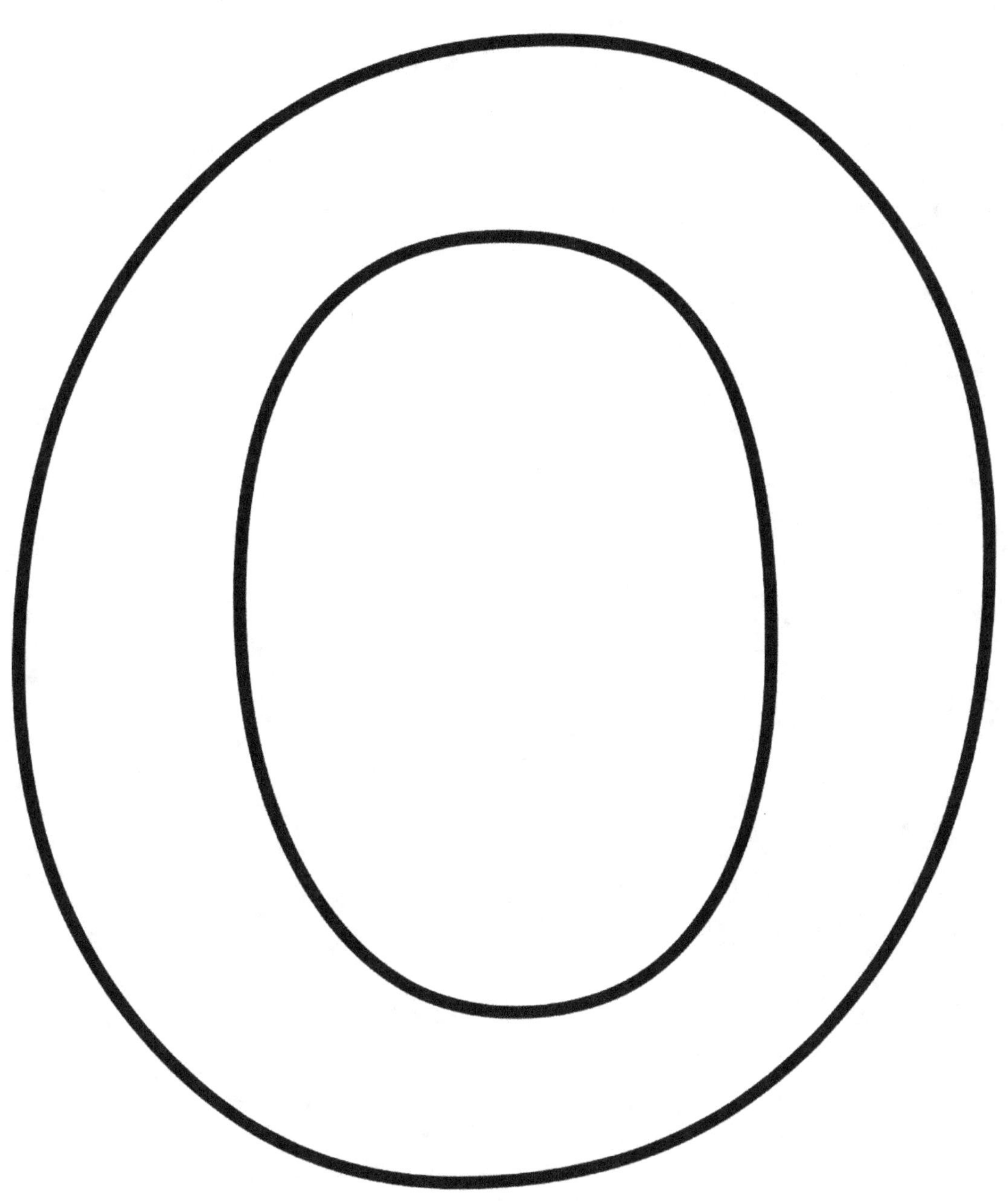

# lettres à colorier

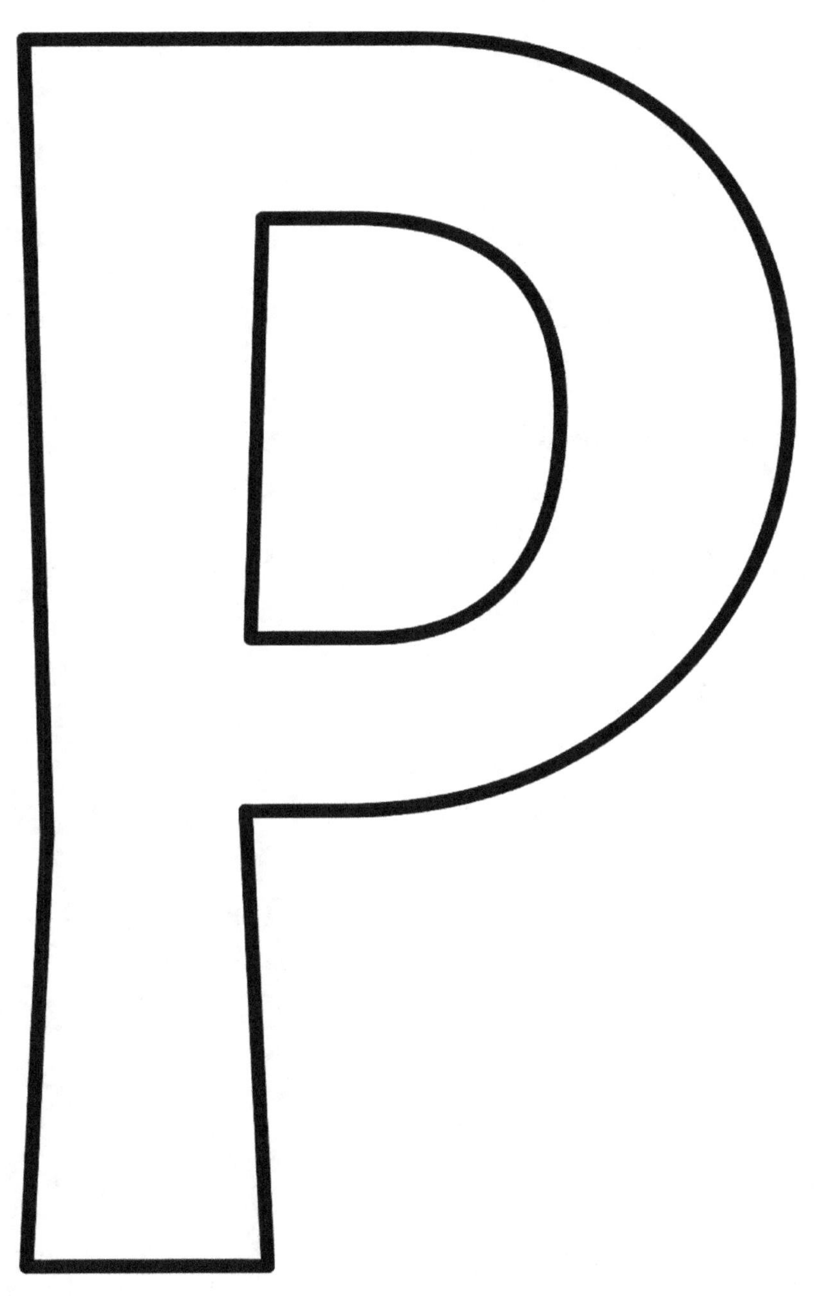

# lettres à colorier

# lettres à colorier

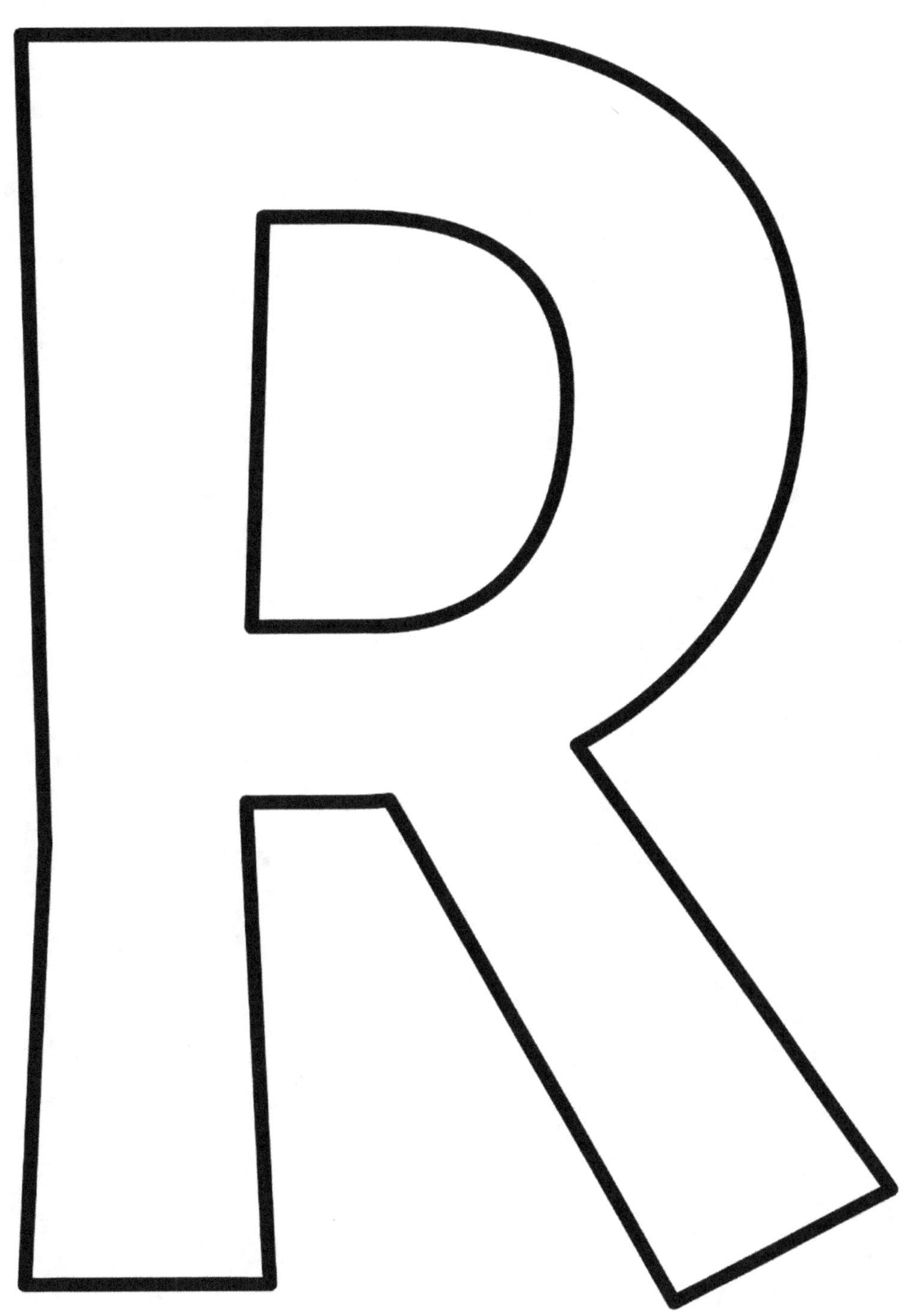

# lettres à colorier

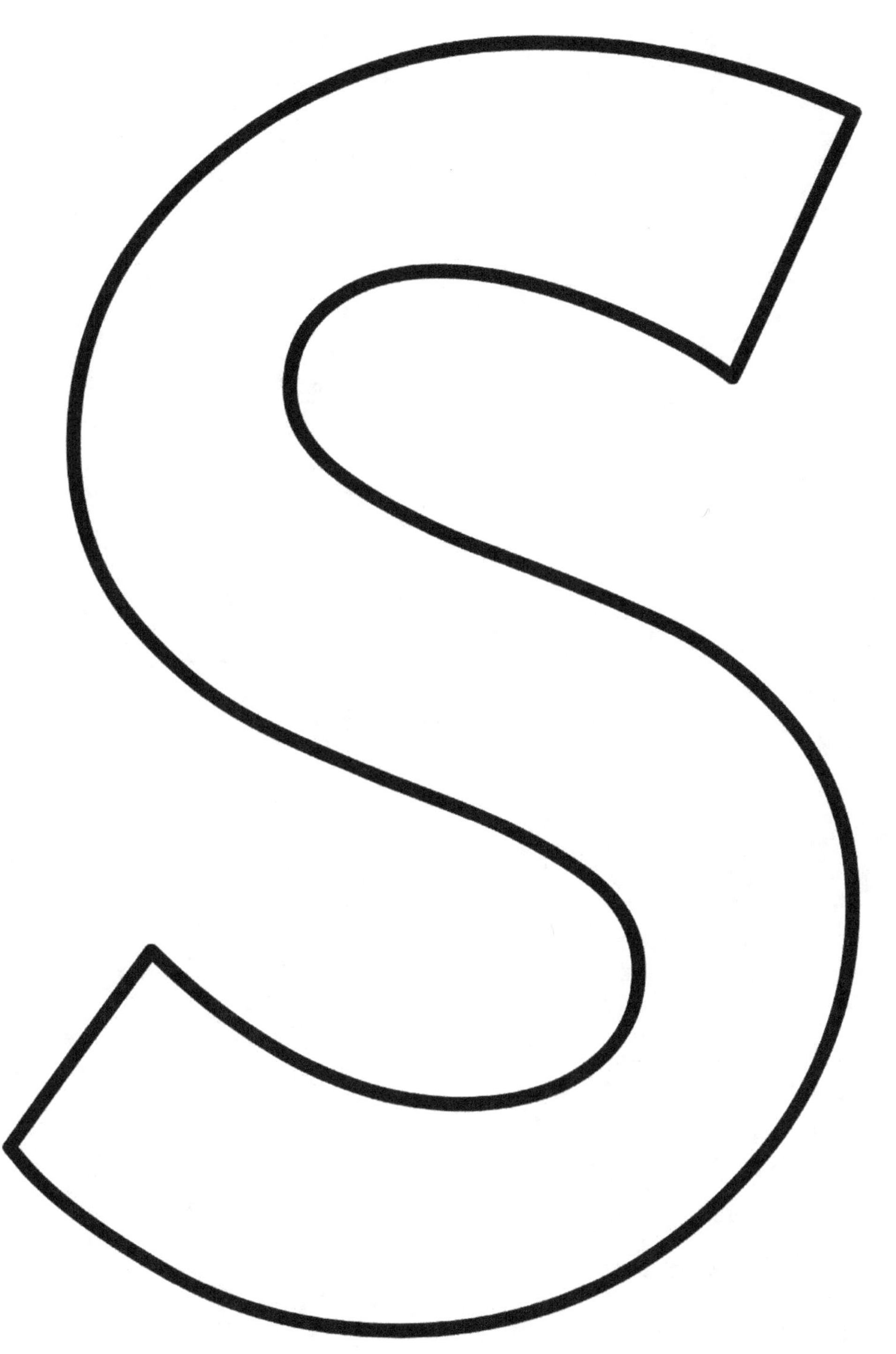

# lettres à colorier

# lettres à colorier

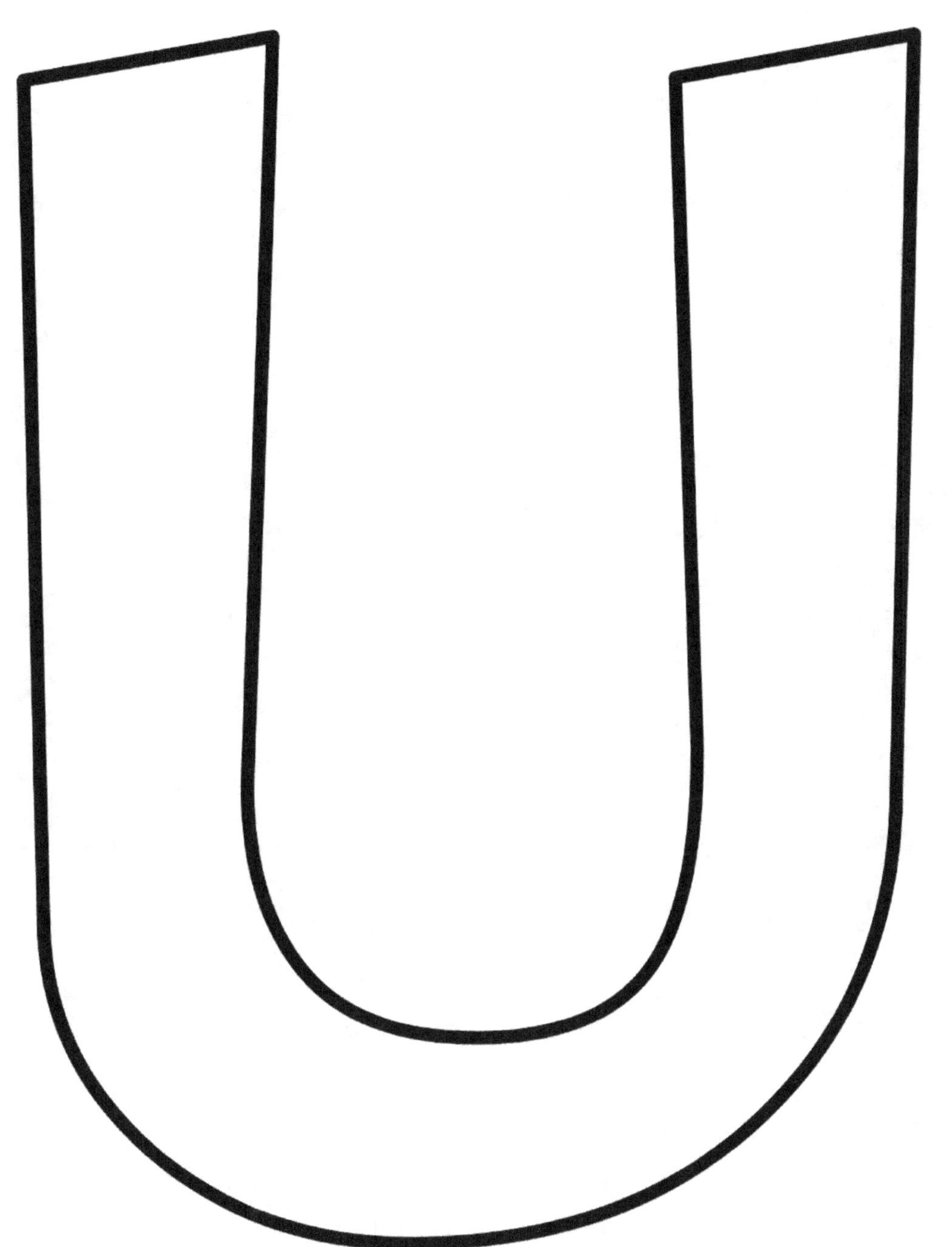

# lettres à colorier

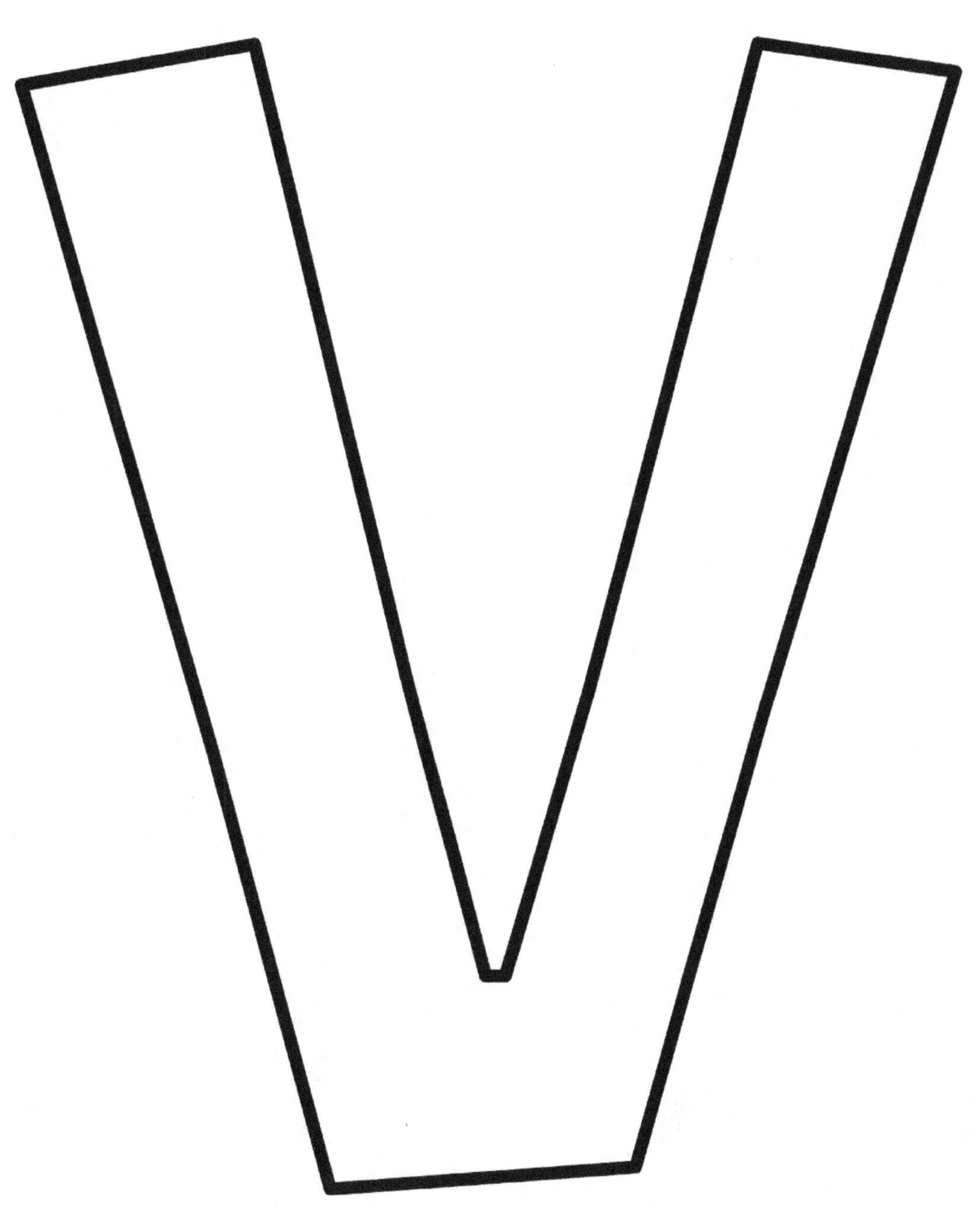

# lettres à colorier

# lettres à colorier

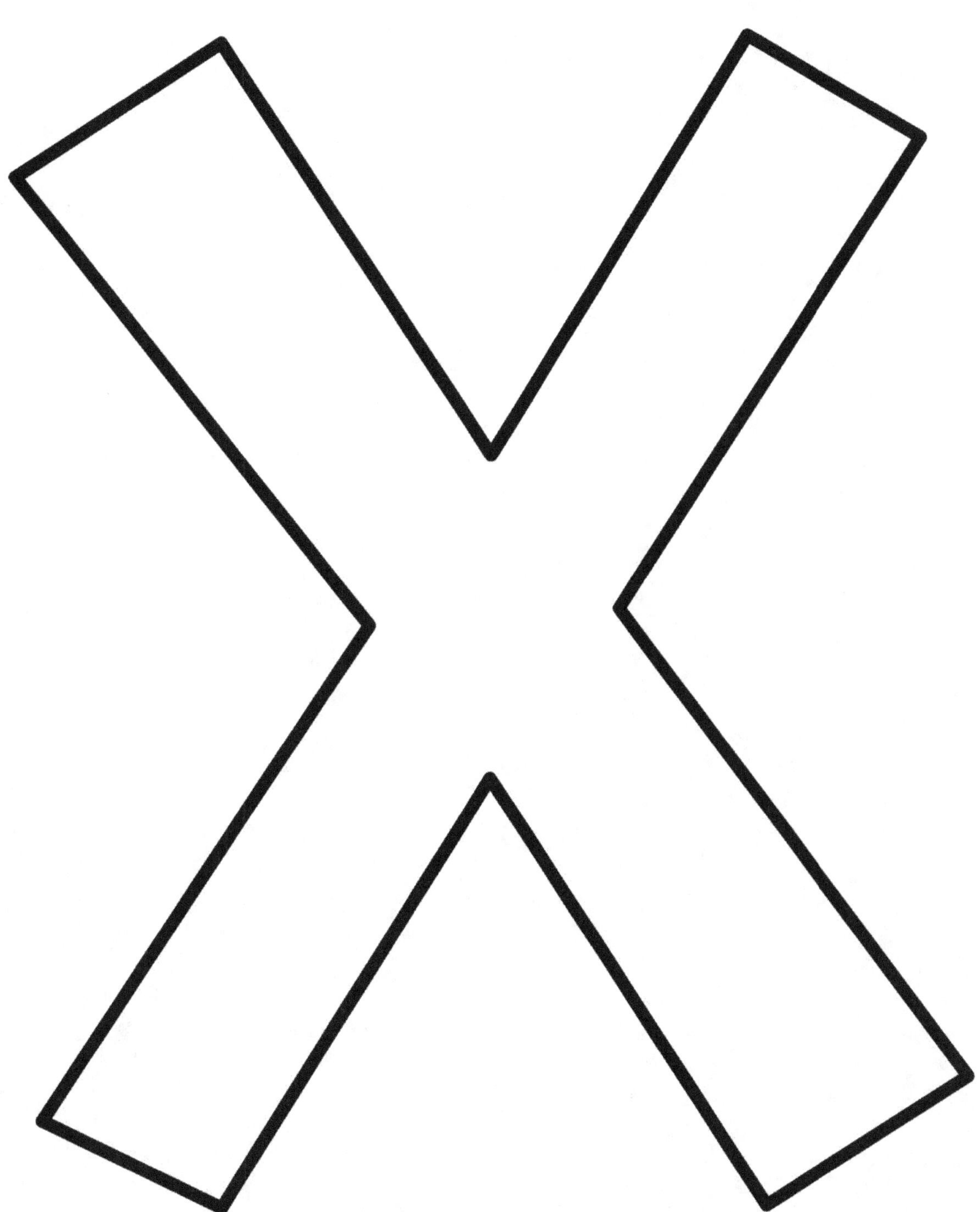

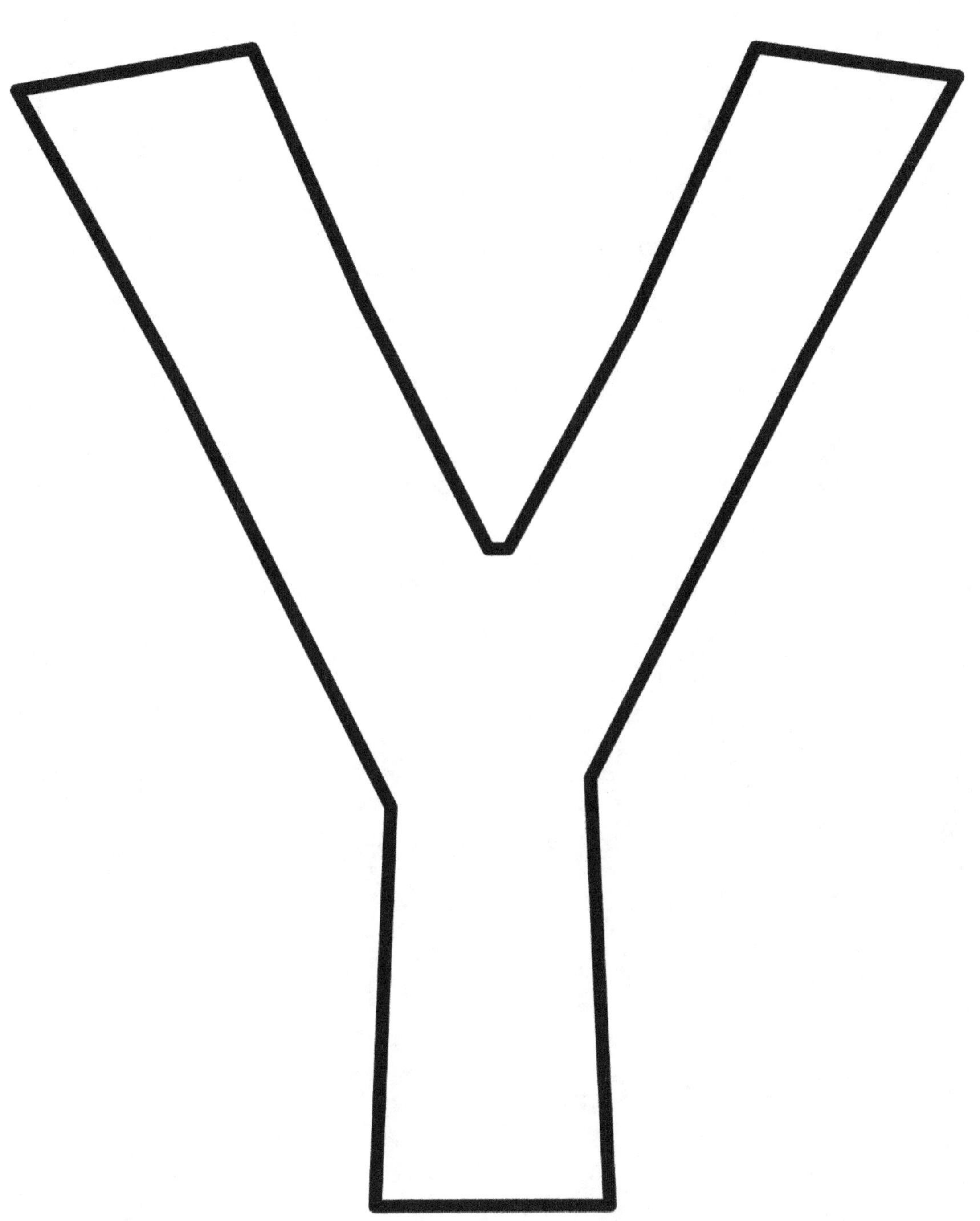

# lettres à colorier

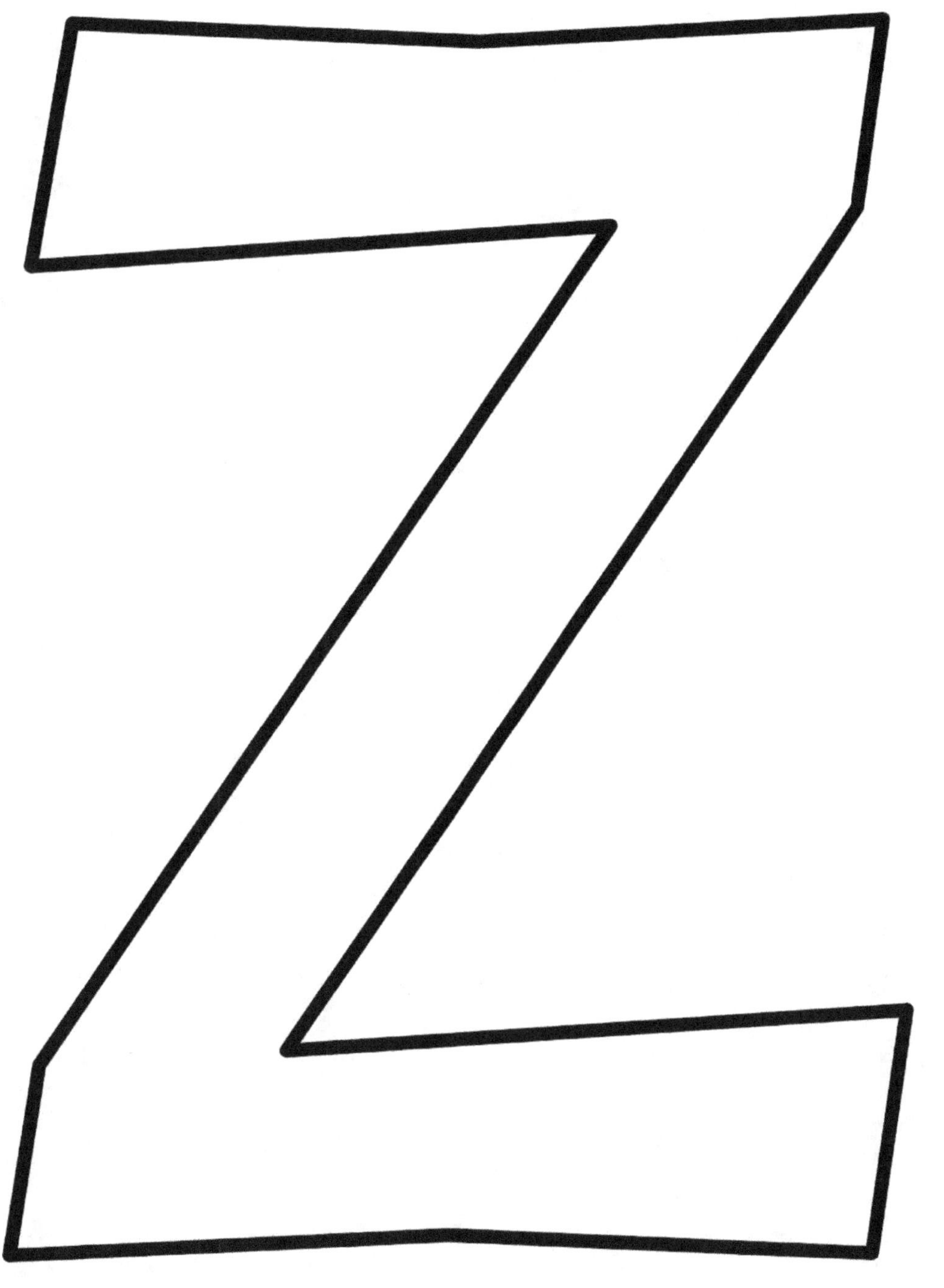